河合おんぱろす特別号

中国史とは私たちにとって何か

―歴史との対話の記録―

谷川道雄 著

中国史とは私たちにとって何か・目次

この本は、左記の日程で行なわれた全四回の谷川道雄連続講座「中国史とは私たちにとって何か」を一冊にまとめたものです。

第一回　一九九九年 十 月三十日
第二回　一九九九年十一月 六 日
第三回　一九九九年十一月十三日
第四回　一九九九年十一月二十日

（会場はいずれも河合塾京都校）

まえがき

本書は、一九九九年秋に河合塾と河合文化教育研究所の共催で行った「中国史とは私たちにとって何か——歴史との対話の記録——」と題する連続講演会の記録を編集・補足したものである。この講演会のきっかけは、河合文化教育研究所主任研究員の谷川道雄先生と河合文化教育研究所内に設けられた世界史研究会のメンバーとの間に交わされた雑談に始まる。

谷川先生は、京都大学を退官され、龍谷大学に勤務されていた当時から、河合塾の学術・教育活動に関わっておられたが、一九九五年河合文化教育研究所主任研究員に就任されると、さっそく世界史研究会の結成に参加して頂いた。

そんなある日の研究会の終了後、谷川先生は「中国史について、誰かその全体像を一度語ってほしい」と話された。当時、研究会に中国史を専門とするメンバーがいなかったという事情もあったが、先生の前で中国史の報告を敢えてする勇気のある講師はいなかった。なんとか自分のところに話が回ってくるのを逃れたかった私は、「先生、それよりもわれわれに是非、中国史をどう捉えるべきなのかその全体像を語ってください」とお願いした。先生は「機会があったら、やりましょう」と答えてくださったが、その後体調を崩して入院され、しだいに研究会の開催も間遠になっていった。

谷川先生の体調が戻り河合塾京都校の研究室に復帰されると、そろそろお願いする時期がきたと考えた私は、「以前のお願いを」と切り出してみた。話されるご様子からは決して体調は万全ではないのだろうが、先生の気力は以前とほとんど変わらないように見受けられた。先生はすぐに、「体調にまだ不安を抱えているが、なんとかこの機会にやりましょう」と答えてくださり、研究会での発表ではなく、塾生を含めた河合塾の内外の人々を対象とする講演会形式で実施したいという提案も同時に了承して頂いた。

講演会は、秋から初冬にかけて四回実施され、毎回河合塾の塾生や講師だけでなく、各大学の学生・院生それにかなり多くの社会人も交え、大勢の人々が集まった。一時間余りの講演の後、休憩を挟んで質疑応答の時間を三十分ほど持ったが、毎回予定時間をオーバーした。そんななかで、先生の「問題意識を持った人が集まって、どう考えたらいいんだろうかと、悪戦苦闘しなければいけないんです。あなたも悪戦苦闘してくださるなら、私も一緒にがんばります」と質問者の学生に真摯に訴えられる姿に、私は戦後の中国史研究を通じて「人間とはいかなる存在か、人間が人間として生きるとはどういうことか」を問い続けてこられた谷川先生の気迫をひしひしと感じた。そして、この講演が一研究者の単なる回顧談ではなく、新たな中国史研究の呼びかけなのだと思った。

講演会は、病後の谷川先生に大きな負担を強いるものであったが、一方で嬉しい結果も生み出した。講演会に参加した関西の様々な大学の中国史専攻の大学院生を中心に、大学を越えた新たな学びの場としての「中国史研究会」が河合文化教育研究所内に立ち上がったのである。そして、それは現在まで回を重ねて続いている。さらに、今回講演会の記録が本書として出版される運びにもなり、中国史だけでなく、すべての歴史を学ぶ者にとって有意義なものになったと思う。歴史の専門家、非専門家を問わず、本書が「生きた人間の歴史」を考えてゆくきっかけになれば、この企画に携わった私にとって大きな喜びである。

河合文化教育研究所・世界史研究会主宰　金　貞　義

I

生きた人間の歴史とは何か（第一回）

鬱々たる学生生活

私が大学に入りましたのは一九四五年、昭和二十年の四月一日です。昭和二十年というと、終戦の年ですが、四月一日ですからまだ終戦になっていない。戦争の末期なんです。たまたま四月一日には、米軍が沖縄本島に上陸しました。それまでに三月中には日本の大きな都市が、アメリカ空軍の空襲で壊滅的な打撃を受けております。三月十日の東京大空襲。それから名古屋、大阪の空襲。それからずっと、日本の主要な都市、あるいは軍事施設はほとんど壊滅的な爆撃を受けました。

そういう戦争の末期、もう日本はどうにもならないと思われる時期に京都大学に入りました。入学式が時計台のホールであったんですが、行ってみますと、高等学校（旧制）を卒業して、一緒に京大に入学したはずの友達が大方いないわけです。どうしたんだと聞きますと、兵隊にとられたのだと言う。私もやがて七月には入営して、九州の福岡におりました。そしてひと月後の八月十五日に終戦ということになるわけです。戦争が終わって、また大学に帰ってきました。

大学では先生方が講義をしておられましたが、先生たちの授業というもの、戦争がまるでなかったかのように、戦前からの研究の成果を静かに教室で語っておられる。私はその講義を聞いて、何かどうしてもなじめないものを感じていました。まあ簡単にいうと授業というのがあんまりおもしろくないわけです。なぜおもしろくなかったかという原因をいろいろ考えてみますと、ひとつは今申しましたような、敗戦という現実が大学の外では、はっきりと我々の生活に影響しているわけです。たとえばまず第一に物資がまるでないのです。統制の網の目をくぐったいわゆる闇物資というものはありましたが、お金がなければ買えない。そして毎日毎日物価高、インフレ。食堂でたとえば今日は一日五円で食べられたところが、あしたになるとそれが五十銭上がるとか、うっかりすると十円くらいになってしまうとか、すごいインフレなんです。とても闇物資を買って食べるわけにはいかない。そういう状態です。

日本の生産は、荒廃した農業を含めてほとんどストップしていました。日本の政府はどうしていたかというと、たしかに日本の政府は、内閣がちゃんとあって、そして行政機構もあったわけですが、その日本の政府には、自治的な行政権が全くないといってもいい状態です。なぜかというとそれは日本が占領されているからです。アメリカの総司令部いわゆるＧＨＱ、マッカーサーという人が一番上にいるのですが、そのＧＨＱの許可がなければ行政はやれないわけです。何もかもお伺いを立てて政治をするというような状態です。戦争に負けたから仕方がないんですけれども、そういうたいへんみじめな状態でありました。

経済、政治いずれも壊滅的な打撃を受けていたわけですけれども、もっと深刻だったのは、やはり思想の問題といいますか、文化の問題といいますか、そういう精神面の問題だったんです。それまでの日本というのは、申しあげるまでもありませんが、天皇を中心とした国家体制が隅々にまで貫徹しておりました。そしてその一番の中核は軍隊でありました。軍隊の総司令官は大元帥である昭和天皇だったわけです。しかし敗戦で軍隊が壊滅しましたから、天皇制の軍事的な基礎というものもなくなってしまいます。そしてこれまで天皇は現人神《あらひとがみ》、つまり神の子孫であって、この世に人間のかたちをして現われてきたんだとされ、国民もそういうふうに信じこまされていたんですけれども、そういう考え方もいっぺんに崩壊してしまう。昭和二十一年の正月でしたか、昭和天皇が、自分は決して神ではなく人間であるということを宣言した、そういう詔勅を出しています。

そういうことで、これまでの戦争を支えてきた考え方、日本は神の国である、皇国であるという、そういう考え方がいっぺんに吹き飛んでしまった。そうしたらいったい我々はどう考え、日本の国はどういう方向に進んでいったらいいのだろうかという問題が当然出てきます。私は当時二十歳の青年でしたけれども、やっぱり自分の将来と、国の将来とが重なって、自分の頭の中に非常に大きな課題としてのしかかってきておったわけです。

そういうこの現実のかつてない大きな変革の中で学生生活を送っていたのですけれども、そうした自分の生活意識からすれば、大学の講義というのは、なにか生ぬるく、自分の心に響いて来ず、ひどくつまらない。そういう気持ちをしばしば持ちました。その当時大学の先生方が授業で語っておられた事柄は、今考え直してみますと、学問的に非常に価値のある点が多々あるのですけれども、若かったために、それが分からなかったということもあると思います。そうした大学と現実とのギャップの中で、何か割り切れない思いで過ごしていました。

悪魔のささやき

私の専攻は東洋史です。京大の文学部は、哲学科、史学科、文学科という三つの学科に分かれていて、その史学科の中に、国史学、東洋史学、西洋史学、人文地理学、考古学の五つの専攻があり、私はその中の東洋史を専攻して、毎日学校へ行っておりました。毎日というのはちょっと言い過ぎで、だいぶサボっておったんですけれども、行くことは行っていた。授業に出ないで友達としゃべって帰ってくることもたくさんありました。その東洋史学の授業というのがとにかくピンとこない。自分の心に訴えてこない。そうでない友達もたくさんいたようです。よく勉強している人たちもいたけれども、私にはどうもなじめない。よその専攻に変わろうかということも考えた。しかし、ではいったいどこに変わろうかというときに、行くところがないわけです。哲学に、あるいは国文学にというようなことも考えたけれども、どうしてもそれをやりたいという気持ちがないわけです。そこへ変わってもまた同じことになるかもしれない。そこは何か計算が働いて、やっぱり結果はこうなるというようなところから、現在の自分の行動を規定している。ではお前はどうして東洋史に入ったのか、ということを疑問に思われるかと思いますが、私は大学に入るときにどうしても東洋史に入りたいという気持ちで入ったわけではないのです。文学部には今申しましたような、たくさんの専攻があります。私は自分の性格から考えて法学部はダメだし、経済学部もダメ、理科系ははじめからぜんぜんダメです。そうなると文学部しかない。文学部の中でたくさんの専攻がある。二十いくつある。その二十いくつを、これもダメあれもダメと消去していきましたところ、かろうじて東洋史というのが残ったわけです。なぜ残ったんだろうと未だに不思議に思います。

ひとつは戦争中に中国との戦争が、十何年間続いておって、やっぱり中国の問題が大事だというのは、子供心に一応は考えていたんですけれども、しかしそれほど強い気持ちがあったわけではありません。東洋史で中国の研究をやるにはどうしても漢文というのが必要ですが、漢文はわりあいに好きで、成績も良かったんですが、だからと言って積極的に東洋史をやりたいという気持ちがない。それにどこにも行きたいところがなかったんです。行きたいところがなければ進学をやめればいいじゃないか。最近は自分のやりたいことが見つからないから、大学にも行かないし、就職もしない。就職してもすぐやめてしまってフリーターか何かでやっていくという人がかなりあるようですけれども、しかしフリーターでもやっていけたらいいんですけど、当時は何も働き口がないので、大学をやめられないわけです。もうひとつ、私は大学を卒業したらどこかに就職して、独り立ちをしなければならないということは考えていました。そういうたいへん割り切れない気持ちで、ずるずると東洋史という学科に卒業まで居続けたのですが、私のたいへん消極的な引っ込み思案の気持ちがそこによく表われていると思います。

そうやって三年間、とにかく卒業までおりました。そういう割り切れない気持ちでいるときに、今日の題目の「生きた人間の歴史とは何か」といったことを、これは自分で作った言葉なんですが、京大の裏門から下宿までを往復しながら、ぼそぼそとうつむき加減に呟きながら今出川通を歩いていた、というのが私の学生時代です。自分で作った言葉ではありますけれども、自分でやりたいことは何も見つからないんだけど、非常に漠然としているけれども、おそらく何かを自分はやりたいんだという気持ちがあったと考えられます。今から考えますとこの言葉は、私の胸の中に一匹の悪魔のようなものが住んでおって、何かのときに私に囁きかける。そういう悪魔の囁きのようなものではないかと思っているわけです。これから私の話をお聞きいただくときに、そういう悪魔の囁きというのが、この痩せこけた老人の胸の中にもかつてはあったんだと、そして今もあるんだというふうに思っていただければたいへんありがたいのです。これがお話の大体のライトモチーフです。

戦後日本の進路と私

とにかく卒業しなければいけないということで卒業しました。卒業論文は、府兵制、ご存じですね、北朝後期から唐代にかけて行われた兵制です。「府兵制とその基礎条件」という何かよくわからない題で論文を書いて、無事卒業させていただいたわけです。私はそのように学生時代をなんとも割り切れない気持ちで過ごしていましたけれども、卒論を書かなければ卒業できないものですから、とにかく書いたわけですが、書くなかで何か歴史学に対する興味のようなものが湧いてきました。だから自分のやりたいことがないといってじっとしているのではなくて、やっぱり歩きながら考える方が私は生産的だと思います。そういう論文を書いて、卒業後も研究をしていきたいというふうに考えるようになったのです。しかし生活を立てていかなければいけませんから、新制の高等学校へ就職して、高校生の諸君といろいろつきあいながら、その傍らで研究を続けてまいりました。その時代に、どういう考え方で研究をやっていたかといえば、それは「唐代民衆の反権力闘争」というようなたいへん勇ましいテーマであったわけです。唐の時代の民衆は、唐朝という国家権力に対してどのように闘ってきたのか。唐代は約三百年ありますけれども、その三百年間をどう闘ったのかというのを、自分の研究の課題にしました。

学生時代にはやりたいことが何もないというような、たいへん無気力な学生だった私が、卒業後には、一応言葉の上ではこういう勇ましい題を立てることになったわけですが、それにはやはり当時の社会状況を考えなければなりません。先ほど申しましたように、戦後の日本はいったいどういう方向へ進んだらいいのかというのが、我々青年にとっても、あるいは当時の大方の知識人にとっても大きな課題でありました。戦後の日本が置かれた状況は、アメリカとソ連というふたつの大国の、二大陣営の中に挟まれていたわけです。そして私が卒業しました翌年には中華人民共和国が生まれ、中国に社会主義政権が誕生しました。日本はアメリカ的な自由国家の道を進むのか。あるいは軍国主義が崩壊したことを契機として、社会主義の方へ進むのか。今の若いみなさんは、そんなことを考えていたのかと思われるかもしれませんが、社会実際に当時の日本ではそういうことが真面目に考えられ、どういう方向へ進むべきかということが議論されていたのです。もちろんアメリカの占領下にありますから、どうしてもアメリカ寄りになるのですけれども、特に政府なんかはそうなんですが、しかし一方では共産党は勿論、社会党とか、あるいは大方の知識人とかは、ソ連や中国の社会主義政権の方へ傾いていたということも否定できない事実です。

そういう状況と関わって、戦争中までタブーになっていた思想が、一気に日本の社会の中に紹介され、宣伝されるというような開かれた思想状況が生まれてきました。その中で当時の日本の知識人に一番大きな影響を与えたのはマルクス主義です。マルクス主義の歴史観は唯物史観であり、史的唯物論です。そういう考え方が非常に強く、いろいろな階層に受け入れられていくわけです。この唯物史観では、階級闘争ということが、歴史の進歩の大きな契機にされています。支配階級と被支配階級とが闘って、特に近代の資本主義社会では、プロレタリア階級が資本家階級と闘って、そして結局は革命を成功させて社会主義政権を作り、そしてその後に共産主義社会を作り上げていくというのが、マルクス主義の構想であるわけで、こういう考え方が当時の労働者の人たちとか、あるいは知識人とか、学生とかそういう人たちの中に広く普及していくのです。私自身の研究もそういう状況に大きく影響されていました。実際の具体的な研究の中でどういうことをやったかという一例をここに紹介しておきます。

一九五五年に書きました「龐勛《ほうくん》の乱について」という論文なんですが、その内容はここに要約をしておきました（本文21頁参照）。もう一つ次頁に地図があります。その一番左下の方に桂州というところがあり、今は桂林という、観光地としてたいへん有名になっている、日本人の観光客が好んで行くところです。そこに南詔という部族の進攻を防御するために徐州の軍隊が派遣されておりました。徐州というのは現在

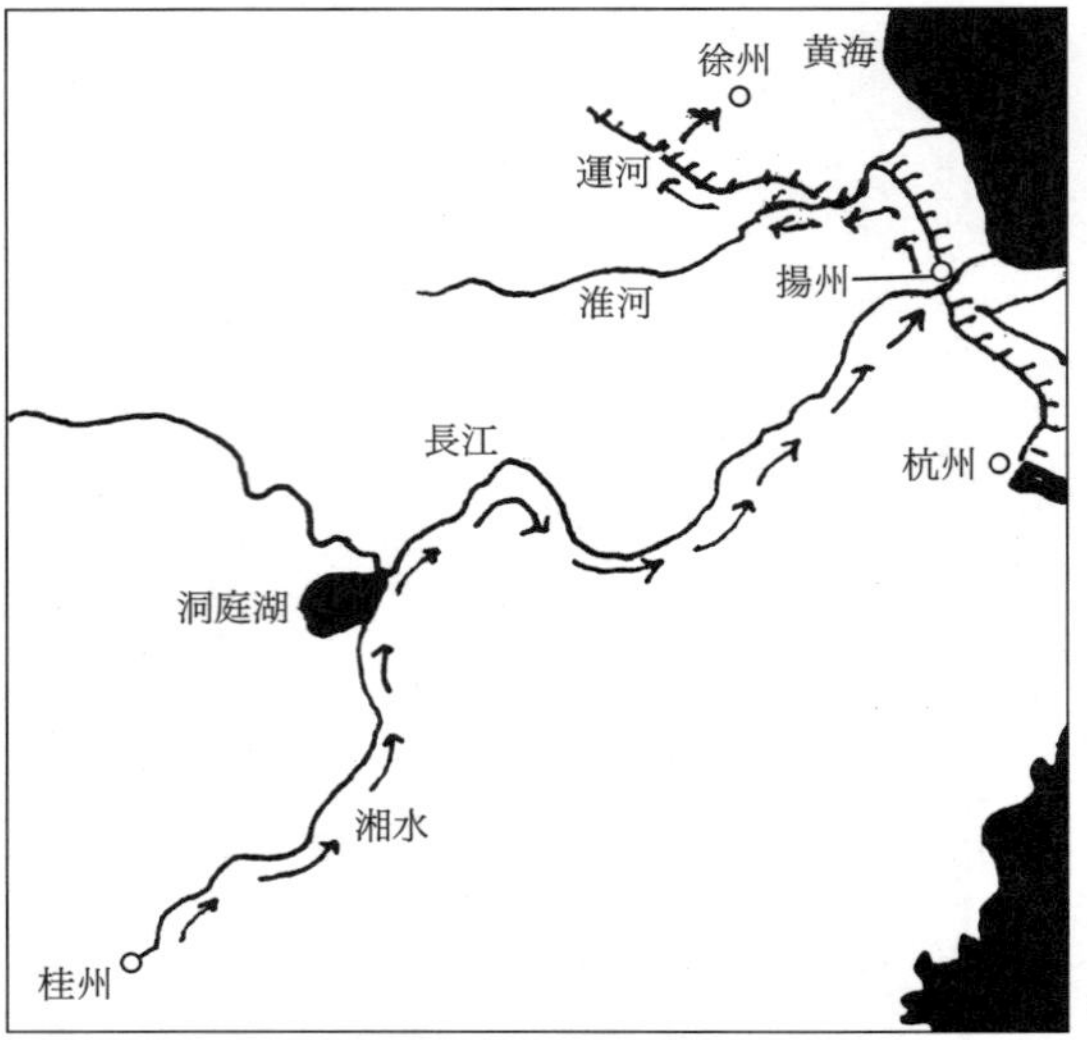

龐勛軍北上コース（868–869）

の江蘇省にあり、運河の沿線にあります。通済《つうせい》渠《きょ》という運河、つまり黄河と淮河《わいが》を結ぶその部分の運河は、隋の煬帝が開鑿したのがはじめといってもいいんですが、その徐州から桂州に派遣されていた兵隊が、もう帰ってもいい時期が来ているのに、国許の方では一向に帰してくれない。それで怒って勝手に帰ったのです。地図をご覧になりますと、桂州からずっと北上する矢印がありますが、これをまっすぐ行って、そして川沿いに長江に行き、長江をまた下って、この徐州にたどり着き、そして徐州を占領しました。こういう反乱です。

最初は彼らは、まあ政府は許してくれるだろうと思ったところが、なかなかそれを許さない。そうやっているうちにこの地方の民衆あるいは土豪といった人たちが、この軍隊の反抗に結集してくるわけです。ご存じのように当時は節度使の時代ですから、兵士というのは節度使の傭兵です。その傭兵と農民たちがここで一緒になって結び合うということは、画期的な事件です。傭兵というのは、政府から衣料とか食糧とか、いろんな給与をもらって生活をしている。しかしそれを生産するのは農民ですから、農民と兵士との間では利害が相反しているわけですね。兵士の地位を良くしよう、待遇を良くしようと思ったら農民から収奪しなければならないという関係にあるわけです。その兵士と農民がここで合体して、政府に対して反抗したという、そういう事件としてこの龐勛の乱はたいへん画期的な事件です。その状況がさらに拡大すれば、おそらく大反乱になったかもしれないけれども、結局この反乱は潰れてしまいます。なぜかというと、兵士は自分たちの力を周辺に拡大しようとしないで、ただ自分たちが政府から認められて、平和に傭兵として過ごしていけるような状況だけを望んでいたものですから、とうとう政府の包囲軍が徐州を攻略して、この反乱は敗北してしまったわけです。しかしそれはやがて、あの黄巣の大乱を準備することになります。この龐勛の乱の研究が唐代民衆の反権力闘争ということでやった私の研究の一例です。

研究への懐疑心

これは一九五五年のことで、当時私は名古屋大学の助手をしておりました。ところがこういう自分の研究に対して、それから一、二年して、非常に懐疑的な気持ちが起こってまいりました。それはどういうことかというと、自分の研究の前提には、民衆の反権力闘争ですから、民衆というものを支配される、圧迫される、収奪される、そういう存在としてまず捉えて、そしてその民衆が、自分たちを支配し、圧迫し、収奪している権力に対して抵抗闘争をやって、そ

龐勛《ほうくん》の乱

南詔防御のため桂州（広西チワン族自治区桂林）に派遣されていた徐州の兵士800人が、約束の３年を過ぎても帰還が許されないので、868年（咸通９）軍糧担当官の龐勛を首領に頂き、長江を下って自主帰還を敢行した。徐州軍節度使はこの行動を認めず、戦端が開かれた。龐勛は徐州を占領して、節度使の地位を朝廷に要求したが受け入れられず、広範囲の土豪・農民・群盗を結集した大規模な反乱となった。しかし龐勛は節度使の地位に固執して戦術を誤り、翌年唐軍の反攻を受けて鎮圧された。敗北した兵士たちはその後民間に潜伏し、５年後の黄巣の乱を準備する。

して勝つ場合もあるし負ける場合もある。こういう図式が自分の頭の中にできあがっているわけです。その論文を書きました三年前に、「隋唐帝国をどう考えるか」という文章を書いて発表しているのですが、そこでも、隋唐の国家や、その国家を支えている貴族と、民衆との対立関係で、隋唐帝国を捉えるべきであると、こういう考えを述べております。これまでの先生方はこういうことはあまり言われなかった。私は戦後に研究をはじめた者として、民衆というものを大きく取り出して、そしてそれは圧迫されている現実の日本の民衆が、国家権力を握って、政権をとって、そこに新しい日本を作り出すという、そういう日本の将来への期待と、唐代の歴史とを重ね合わせて、研究をしていたわけです。

そういう自分の考え方に対して懐疑の気持ちが起こって、これでいいのだろうかと、そう思うようになりました。これでは歴史というものの捉え方があまりにも単純ではないか、たいへん機械的ではないかという思いがしてきました。歴史というものはもっと豊かなものだと思うんですね。民衆の生活の歴史にしても豊かなものです。はじめから支配層と民衆というのが対立しているというような前提で捉えられるようだったら、もう唐の時代からすぐ中国は社会主義国家になっていたかもしれない。黄巣の乱が起こったら、黄巣が人民共和国を作って、黄巣が主席になって、天安門広場ならぬ、長安の一画で演説をして、「同志諸君」とかなんとかやっていたかもわからない。それはおかしいでしょう。やはり近代以前の社会は近代以前の社会として捉えなければいけないわけですね。私はそれを現代の、自分のある種の期待から歴史をそういうふうに捉えようとしていたのでした。

その次には民衆の神聖化ということ。民衆というものこそが歴史を作り出していく原動力であると。ある意味ではそうなんですけど、ほんとに民衆というものが正しい存在で、民衆の闘いこそが歴史を創造していくんだという考え方、そしてそういう考え方をするのが歴史家としての進歩性である、革新性である。自分は進歩的な歴史家であって、保守的な歴史家ではないんだと、それを自分の自負としてこうした研究をしていたということに気がつきました。

ご存じのように、隋の煬帝が高句麗を滅ぼそうとして三回ほど兵を出すわけですが、二回失敗して帰ってくる。そして臣下が諫めるのも聞かず、三回目もやはり出兵して、とうとうそれは内乱のため実現しませんでしたけれども、そういう煬帝の高句麗出兵が、国内の民衆にたいへんな負担となり、民衆を困苦の状態に陥らせたので、そこから各地でいろんな反乱が起こってくるのです。その内乱の中から唐朝が起こるわけです。その内乱の中で民衆はどうであったかということを、私は一九九五年、といいますと、龐勛の乱を書いてから四十年目ですが、「隋末の内乱と民衆——剽掠と自衛——」という論文の中で論じました。それによりますと、民衆は掠奪もしている。一方の民衆は掠奪を避けるために自衛しなければならない。自衛している民衆に対して片一方の民衆がそれを掠奪をするというような、民衆が民衆を掠奪する、あるいはそれと闘うというようなことが起こっているわけです。これがほんとうの社会の現実なんですね。そういう現実をどういうふうに高い次元で解決していくかということが問題なんです。そういう民衆と民衆のぶつかり合うところからそれを越えた世界がどういうふうにできていくか。これが我々にとってもたいへん大きな問題であるわけです。ただ民衆を正当化するだけではそういうような世界は生まれてこない。中国の文化大革命でも、民衆出身でない人たちが随分いじめられ、苦しめられたわけですけれども、そのときに民衆が今まで自分たちを圧迫した人たちを逆に圧迫していくというふうに裏返しになっていったわけです。自分たちが今まで圧迫され収奪されていたんだったら、これからは誰も圧迫されない誰も収奪されない、そういう社会を作るというのがほんとうです。その高みに立たなければならないわけです。その高みに立ってはじめて社会進歩といえると私は思うんです。

しかし実際はそうではない。この隋末の内乱における民衆の暴動というのは、革命後の中国ではこれを「農民起義」、義を起こす、正義の行動を起こすということで、非常に正当化されたわけです。先ほど申し上げた龐勛の乱、これも起義とされています。政府が悪いんだから義といっていいかもしれませんが、民衆のそういう行為はすべて正当化される。私はそうした考え方に疑問を持って一九九五年にこの隋末内乱の論文を書きました。

ともかくそういうふうにして、研究というものが私自身にとって満足のいくものではなくなってきた。そのような発想で研究している自分が、非常にみすぼらしい、貧しいものに思われはじめたわけです。それを誰かに批判されたのかというと、そうではありません。私がそのままそういう研究を続けておっても、おそらく学界では、あの人はああいう傾向の学者であるということは言うかもしれませんけれども、当時はそういう人はたくさんいたわけですから、別に問題にはされなかっただろうと思います。「龐勛の乱について」という論文も、現在まだ学界で引用されているところもあります。しかし自分としては、もうこういう研究は、どうしてもやりたくないと思うに到った次第です。

空白の二年間

ちょうどその頃、一九五六年に、政府が経済白書というものを出した。有名な言葉ですが、そこには「もはや戦後ではない」とありました。戦後という時代はもう終わったというのです。終戦から十年たって、日本の経済は立ち直りました。朝鮮戦争による軍需景気がひとつのバネになって、立ち直ったわけです。そして高度成長時代がやってきます。高度成長時代には、技術革新、あるいは生産性向上、そういったたいへん効率的な高度の資本主義のシステムが、日本の社会を覆い尽くしたわけです。日本の社会はここで一変しました。敗戦後の変化よりも、私はこの高度成長による変化の方がある意味では大きいのではないかと思っています。一番典型的な例は農村の変化です。農村に市場経済が入ってきて、自動車道がたくさんでき、あるいはいろんな農業機械を使うようになる。あるいは化学肥料や農薬を使うようになる。そういう時代になってまいりました。そして一九六〇年には例の日米安保条約改定。そのときは国民も反対したんですけれども、結局日米の絆は、一段と固まっていくわけです。

そういう状況と私自身とはまったく無関係ではないと思います。私もどこかにこういう世の中の移り変りというものを感じていたんだろうと思うのですが、研究者としての自分というものに対しては、自信がなくなって、何も書けなくなってしまいました。それまで毎年ひとつくらいは論文を書いて発表していたんですけれども、先日私の発表した論文のリストを見てみましたら、二年間何も書いていないんです。自分はどこへ行ったらよいのか。どこへ行くんだろうという気持ちでおりまして、研究をやめてしまったのです。名古屋大学の助手時代のことですが、そのまま研究を続けていても、おそらく誰も何もいわなかったでしょう。そしてそのままだんだんなし崩しに自分の考え方を転換させて、そして、中国史にはたくさん研究すべき事柄はありますから、それを自分というものを抜きにしてただやみくもに実証研究をしておれば、それでも行けたわけです。しかし私にはそれはできませんでした。やっぱり自分というものなしに、自分は研究できない。そう考えました。では自分はいったいどこにあるのか。いかなる自分を立てていくのかという問題が出てくるんです。孔子は「三十にして立つ」と言いましたけれども、私は三十になってどうしても自立できない。そういう非常にブランクな気持ちで過ごしたことを覚えております。これも悪魔の囁きといえるかもしれません。まあ単純にやっていってもいいんですが、何か胸の奥に悪魔がいて、それを許してくれないので、これと闘わなければいけないことになってくるんですが、私の三十代のはじめ頃、それと闘うすべを発見できなかったわけです。生きた人間の歴史ということを学生時代から呪文のように唱えてきましたけれども、それはこういうことなんだと、それに答えることができなかった。だから私は学生時代に一度自分は何をしたらいいかわからないということがあり、それから研究生活をはじめてみて、自分がどうしていいかわからないというように、ふたつの疑問詞によって自分の道がたいへん大きな深い霧に包まれていた、そういう体験をしたということを今になって考える次第です。

＜質疑応答＞

質問　東洋史は消極的に選ばれたといわれましたが、そのなかでもなぜ中国の隋唐時代を選ばれたのか教えてください。

谷川　よく聞いていただきました。そのお話も時間があったらしたいと思っていたんですが、戦後、私たちの学生時代は、先ほど申しましたように、軍国主義的な考え方が否定され、いろんな新しい考え方が解禁になっていくわけです。その頃歴史学の分野でも新しい研究が出はじめました。特に歴史学の分野で、戦争中の成果が戦後いち早く出たのが、日本史と西洋史です。西洋史の方は先年亡くなられた東大の大塚久雄という方の、ヨーロッパでどういうふうに近代社会が生まれてきたかという研究。もうひとつは日本史の方ですが、特に日本の古代中世史、名前を知っている人もいるかもしれませんが、石母田正それから藤間生大というような人たちが、戦争中に、官憲に知られるとたいへんなことになるのだけれど、密かにマルクス主義的な観点から日本の古代史、中世史を研究していまして、その成果が本になって戦後に出ました。それは私たちにとっては大きな刺激でした。石母田正さんの『中世的世界の形成』という本がその一つです。いま岩波文庫に入っています。日本の古代史と中国の唐代史とは関係が深いでしょう。だから日本の古代国家の研究に興味を持った私が、それから唐代の研究に入ったということがあると思います。それは一つの理由です。それにその唐代あたりの時代の雰囲気が自分に合っている感じがしたこともあります。

質問　先ほど先生は、近代以前の社会を近代以前の社会として捉えなければいけないのではないかとおっしゃったんですが、歴史というものは現在を起点にして過去にさかのぼっていくべきだという文章をよく読むのですけど、そういった意見に対してはどう思われますか。

谷川　これもたいへんいい質問です。そのお話はおりおりにしていきたいと思っています。ただここで申しあげておくとすれば、もちろん私たちは現代に生きる人間ですから、現代人としての関心があります。そこから歴史を見る。その場合に現代の社会の在り方を、古代にも中世にもそれが通用するものとして捉える捉え方は、先ほど私が申しあげた若い時分の研究はそういうものですけれど、それを私は近代主義といっています。つまり近代人は近代社会というものが、いわば普遍的な世界だと思っているから、そこから捉える。もうひとついえば近代社会は古代から中世、中世から近世、近代と発展してきたわけだから、近代社会が一番高い段階だと思って、そこからそういう考え方で見てしまう。これは排しなければいけない。しかしどこかに自分たちの近代人としての問題意識が投影されていることはたしかです。ご質問はそれがどうなのかという問題だと思いますけど、それは人によっていろいろ違ってくると思います。私の考えでは、私は近代社会、現代社会というものが、人類の社会の普遍的なものばかりではない。そういう一番高いものではないと思っています。つまりたとえば現在の日本の非常に高度な資本主義の中で、失ったものがたくさんあるわけでしょう。古代や中世にあって、あるいは戦前にまだあって、現在では失われたものがたくさんあります。それが単に失われたというだけでなくて、価値あるものが失われたわけです。そういう点から考えますと、現代社会というのは相対的なものだというふうに考えざるを得ない。現代社会を相対化したところから古代や中世を見るというのが私の立場です。あえていえば現代社会というものを、むしろ批判的に捉える立場から、では古代や中世はどうだったんだろうかというふうに考える。そういう考え方が私の考え方です。よろしいでしょうか。

質問　ふたつ聞きたいことがあるんですけど、「生きた人間の歴史」とは何ですか？　もうひとつは、今日の講演の前から僕がずっと疑問に思っていたことがあるんですけど、近代とそれ以前のという歴史の話で、宮台真司さんという人が、近代に生きる我々は、近代の自己決定権を、自分で自分を決定できるのが近代であって、共同体幻想みたいなものを抱き続けていてはダメで、自己決定権ですべて行なわれてきたみたいな近代論を語っていたのを読んだのですが、僕は自己決定ということは、古代からずっと自己決定だったんだけど、古代ではみんなが自己決定として共同幻想を抱いていたのに、それが近代で崩れただけで、自己決定という点では変わっていないと思います。だから自己決定だ自己決定だというんじゃなくて、近代では壊れてしまったある種の社会的フィクションを提案するのが社会科学者の務めではないかと僕は思ってるところがあるのですが、それはどうなのかということをお伺いしたい。

谷川　「生きた人間の歴史」とは何か、自分でもわからないですよ。少なくともこの時点でわからない。そう思ってやってきたんですけど、これはだめだということになったわけです、自分の中で。これはほんとうに生きた人間の歴史だろうか、いやそうじゃない。とするとどうやってそれを探っていくかということなんですね。それは次回からお話ししますのでお楽しみに。生きた人間の歴史というけど、ちっとも出てこないじゃないかといわれるかもしれないが、それは仕方ないですね。しかし私はまだ生きていますから、これからやります。だいたいどういうふうに道をたどっていくかということを見ていただきたい。それから自己決定権というのはどうもよくわからないんですけど、近代の社会の特徴が自分個人に物事を決定する権利があるということですね。それももうちょっと解説をしてください。

質問 脳死が人の死かどうかという点で決定するのは、宮台真司は脳死は人の死であると認められるべきだといっていて、それは自分で決定すべきだ、だから家族とか社会とか共同体幻想とかではなくて、脳死が人の死かとかそういうのは自分で選びとるべきだとか、売春も合法化して、売春も自己決定でやるべきだという話をしていますが、そうじゃなくて共同体幻想が壊れているから、新たなビジョンを提出しなければならないのじゃないかという疑問です。

谷川 そういう意味の自己決定権というのは、おそらく近代以前にはないんじゃないか。しかし、自己がないかといえばあるんです。なぜかというと、私自身関心を持って自分の中で考えなければいけないと思っていることなんですが、自己というものは、近代では個人ということになりますよね。ところが古代や中世の自己というのは個人なのかというと、必ずしもそうではない。家なら家とか、今いわれた共同体なら共同体というのが、自分を含めて自己であるかもしれないのですよ。そういう意味では古代や中世にも自己はあるんです。私たちがこれから考えなければならないのは、それでは近代以前の人間にとって自己とは何か。これを歴史学的に考えなければいけないところにきていると私は思います。近代だけに自己があって、近代以前にはなかったという考え方は、私は間違いだろうと思うんです。近代以前における人間の自己の在り方、自我といってもいいですけど、それを明らかにする必要があって、そういう論文もちょっと書いたことがありますけど、まだ不十分です。

そうなってきますと、先ほどの方の質問と重なってくるんだけど、近代でなければ自己、あるいは自我はないというふうに考えて、近代というのをそういうふうに捉えたら、そこから古代中世へ行ったらどういう世界になってくるのか。自分というものが、共同体の中に埋没してしまった、そういう自分のない世界だということになるでしょう。しかし近代を相対化したら、今私がいったように、近代の自己というものを、いわば個人的自己であるというふうに限定して考えたら、もっと広い意味での自己というのはないのかということになって、古代や中世に独自な人間の在り方というものが問題として出てくるわけですね。こういうのが私のいう新しい歴史学なんですよ。あなたは何を志望されるんですか。歴史学をやろうと思ってるんですか。ぜひやってください。

質問　僕も今東洋史を勉強してるんですが、自分で考えながらやっていて悩んでいて、なかなか答えが出ないところがあるんですが、日本人が日本ではなく外国の歴史である中国学をやる利点というのを先生はどう考えられるかというのと、中国学で歴史学の可能性というのはどのくらいあるのか、先生はどうお考えかお聞きしたいと思います。

谷川　しかし日本とか中国とかいう線をどこであなたは引かれるんですか。

質問　その土地に住んでいるから。

谷川　外国と今いわれましたけど、外国という概念というのは、これも近代社会になってから出てきた概念です。主権国家というものができて、日本と、清国なら清国とか、中華民国なら中華民国というふうに国境というものができて、日本は地理的に孤絶しているから外国という観念が割合にできやすいけれども、やっぱりそれは近代社会になってはじめて明確になってくる概念ではないかと私は思います。それでその答えとしてふたつのことを言いたいと思います。ひとつは我々が中国のことを勉強すると言ったときに、現在中国に住んでいないわけですね。ですからそれは何もわからないのではないかという疑問が出てくる。私も実はあの広大な中国のことをやっても、それでいったい何がわかるだろうかという気がします。中国へ行けば行くほど、そういう思いを強くするわけです。もうひとつは逆に自分たちが中国に住んでいないとおっしゃるけれど、私たちは地球に住んでいるんですね。中国人も日本人も韓国人も同じ地球に住んでいる。つまり人類でしょう。人類としての共通性がある。私たちが中国社会を見るときに、単にそれを中国社会という限定だけをつけて見るのではなくて、やっぱりそれこそ生きた人間の歴史ですから、人間が生活して、人間が生きて作っているところの歴史であり社会であると、こう考えてみれば、自分が中国の社会に住んでいなくても、そこには捉えることができるひとつの観点が出てくるはずだと私は思います。

実際に中国の歴史の書物を読んでみると、やはり我々にも感動を与えるわけです。なぜ感動を与えるのでしょうか。次回以降のお話になると思いますが、感動を与えるのは、やっぱり同じ人間だから、たとえば千年以上時代を隔てていてもそれは起こるんです。史料を読んでわかり、また当時の人たちの気持ちというのが理解できるという、その回路はいったいどうしてできるのかということを考えますと、あなたのおっしゃった疑問は多少は解けてくるのではないか。たしかに我々は中国に住んでいないから、ほんとうに中国社会というのはわからないかもしれない。しかし中国の人たちにもわからないかもしれない。我々は日本がわかっているかというと、案外わからないでしょう。むしろアメリカ人とかイギリス人の日本学というものの方がずっとレベルが高い部分もあります。今まで彼らの研究から、日本人の日本学の研究者は学んできたわけです。そういう点もあります。心配しないで頑張って中国史をやっていただきたい。

質問　お聞きしたいんですけど、古代国家の場合は、古代というより中世国家の場合は、天子というのは権威というものを持たなければ国家というのが成り立たなかったと思うんですけど、漢の高祖劉邦とか明の太祖朱元璋に見られるように、農民から一代で王朝を築いた人も多いと思うんですけど、日本のような天皇制とか宗教を持っていたわけではなくて、そういう権威を持っていたわけではなく、彼らの権威を成立させたものはなんだったか。

谷川　いい質問ですね。これも今日のテーマとは少し違いますが、中国の皇帝論になりますね。私も最近関心を持っているんですけど、中国の君主権の性格は時代によって違いますよ。周の時代の天子、周王の権威は何に基づいていますかね。その当時はやっぱり先祖の祭祀というのが非常に大事ですから、本家である周の王が一族の先祖を祀るということが周王の権威の根本だったと私は思います。では秦の始皇帝はどうなんでしょう。漢の武帝はどうなんでしょうかね。秦の始皇帝は、法家の思想で治めたといいますが、法家とはいったい何だろう。漢の武帝はどうなんでしょうか、というふうにずっとひとりずつやっていきますと、時代によって非常に違うということがわかってきます。だいたいにおいて古代の皇帝というのは、やっぱりどこか神の権威というか、神権というか、そういうものに裏づけられているのではないかと私は思います。

中世になってきますともう少し変わってくるんです。中世の皇帝というのは、当時は貴族社会でしょう。権威はどこにあるかといえば貴族階級にあるわけです。そうすると皇帝は自分が貴族である場合はいいけれど、貴族でない場合はいろんなかたちで貴族の権威を借りるということになるわけです。それは神権というものではなくて、貴族階級にとって大事なものは貴族としての教養なんですが、そういうものを皇帝たちがいろいろ身につけていく。それの一番典型的な姿は梁の武帝ですね。隋唐はどうかというと、これは次回にお話しします。という具合にひとつずつやっていかないと、権威を一律に捉えることはできないというわけです。だけれども今あなたがおっしゃったように、皇帝には単なる権力だけではなくて、なんらかの意味での権威というのが必要です。つまり人間というものがそういうものなんでしょうね。武力で押さえつけられるだけでなくて、あの人は偉いんだなと思うように仕向けていくということがなければ、それがなければ政治をやることはできないと思います。権威の問題というのは、そういう問題を孕んでいます。答えをそらしてしまったような感じですけど、よろしいでしょうか。ちょっと不満足な顔をしておりますけど。

司会　彼が言っていたのは、農民出身の人物が皇帝になりますよね。劉邦とか朱元璋が。その場合の権威づけとは何だろうと。それで不満な顔をしている。

谷川　劉邦の場合は、やはり先ほどいったように、劉邦が生まれたときにはどうとかこうとかという伝説が作られて、やっぱりそういう神秘的なものが権威づけになっておりますし、漢の劉氏は各地に郡国廟という、自分の一族の劉氏の廟を作らせて崇拝させた。というようなことがあって、まだどこかに神権的なものというのが残っている。朱元璋の場合はどうなのか、私は専門外でよくわかりませんけれども、ずっと神権的なものから離れて遠ざかっていって、人民をいかに幸福にするかという、ほんとに幸福にするかどうかは別として、そういうイデオロギーをいろいろふりまいていくわけです。皇帝がいろんな詔勅とか教訓を、全国の村の村長さんのような人たちにまで頒布して、政治道徳、儒教的なものが中心ですが、そういうものが根底にあるような、そういうような教えを広げていく。朱元璋はそういう民の苦しみ、人民の苦しみというものを自分は解決するんだというようなことを、わりと露骨に、はっきりと人民に宣告して、そこに自分の権威を形作っていこうとします。その当時は出身とかそういうことをいっても始まらんわけですから。そういうことになるのではないかと私は思います。清朝になると満州族でしょう。満州族が漢民族の社会を治めるということは、漢民族にとってはあまりおもしろくないわけです。頭も辮髪にされてしまったわけですから。そういう場合でも清朝の皇帝は、種族は問題ではなく文化が問題である。いくら種が違っても、漢民族の文化を一番尊重して、それを保護してすすめていく、そういう王朝こそが一番正統な王朝なんだと。清朝こそが中国文化というものの担い手であると。こういうことをいうことによって権威を高めたというふうに考えられるのではないでしょうか。

質問　それなら、近世的な王朝になって、氏族的な権威がなくなった結果、皇帝の権威を補完するために作られたのですか。『四庫全書』とか『永楽大典』というものは。

谷川　おっしゃるとおりですね。そういう中国文化というものを、その王朝の主権者が尊重をし、これを広めていくんだと。つまり中国文化の保護者であるというところが今おっしゃったように皇帝権力の権威を形作っているということになると思います。その通りです。

質問　時代区分にちょっと興味があるんですが、先生は七〇年代以降の歴史学界が無目的化していると言われたのを読んだことがあるんですけど、いま個別実証的な研究が進んでいる中で、東洋史という歴史学が学問としてあらためて体系化できるのか。それから個別実証的な研究が今主流を占めている学界の中で、学問としての体系をこれからどう作っていくのか、あるいは作っていけるのかをお伺いしたいんですけど。

谷川　たいへんいい質問だといいたいところですけど、私自身がたいへん困っている問題なんです。おっしゃる通り、非常に難しいです。七〇年代の半ば頃までは、先ほど私が申しましたような、戦後に進められてきた中国史研究、これは非常にいろんな、今から考えたらいろいろ欠点もあったんですけど、少なくとも中国史をトータルにつかみたいという気持ちがあって、そこで時代区分論でも学界で激烈な討論が行なわれたんです。しかし七〇年代を過ぎて、今おっしゃったようにそういう大局的な議論ではなくて、非常に個別的な問題が研究の対象の主流を占めるようになってきて、それから数えるともう二十年以上になりますね。その状況は現在変わってきているのかどうかということなんですけど、そんなに変わっていないのではないか。何か新しい中国史研究が生まれているという人もいるけど、私はそんなに強くは感じないです。ではなぜ個別的な研究から、全体を体系化していくようなところに進まないのかということを考えてみる必要があるわけです。

それにはいろんなことが考えられますけど、それをひとことでいえば、研究者の中に中国史を体系的にトータルに捉えたいという気持ちが弱いんです。自分がやっている時代の特定の問題だけを研究して、そして長年やっているとだんだん深まってきて詳しくなってきますね。論文もいくつかできますね。そしてそれをまとめて一冊の本にして出版する。それはけっこうなことです。いいことなんだけれども、それだけに終わってしまう。なぜトータルに中国史を勉強しようという、そういう気持ちになれないか、これにはいろんな言い分があるでしょうが、にもかかわらずそういう気持ちを持ち続けなければいけないと思います。未来というものを私たちが考えるときに、過去の個別的な研究をやっても未来というのは見えてこないんです。やっぱり全体として捉えないと未来は見えてこない。未来に対する意識というか、そういうものがやっぱり必要なんだろうと思います。それにじっさい未来は非常に見えにくいわけですから、無理もないとは思いますけど、しかしそういう努力をしないといけない。ひとりではできないです。みんなでそういう問題意識を持った人が集まって、どう考えたらいいんだろうかと、悪戦苦闘しなければいけないんです。そういう必要が現在でてきていると私は思います。あなたも悪戦苦闘してくださるなら、私も一緒にがんばります。一緒にやりましょう。

II

唐帝国の源流を求めて

（第二回）

隋唐帝国再考

先回の話はあまり景気のいい話ではありませんでした。学生時代の私は大学の授業、自分の専攻する東洋史の学問というものに興味が持てず、鬱々たる学生生活を過ごしました。しかしそれからなんとか学問に興味を持とうと思い、卒業後は研究者を志して、そしてだいたい五編くらい論文を発表したんですが、どうもその学問の仕方に自分では満足がいかない。そこには、やはり当時の戦後の社会の風潮、政治情勢というものがあったわけですけれども、民衆というものを、民衆を抑圧するもの、民衆から収奪するもの、つまり支配階級との対立関係で捉えようという前提がまずあって、その前提のもとでいろんな歴史事象を研究していこうというやり方でやっていたわけです。しかしその後果たしてそれでいいのかという、そういう疑問が湧いてまいりました。自分は研究者としてダメではないかというところまで落ち込んでしまったんです。そして二年間ほど何も書かなかった。もう研究者たることを止めようとまで考えたわけです。

時期的にいいますと、だいたい昭和三十年からあとの数年間のことで、私の三十歳頃のことです。孔子は『論語』の中で「十有五にして学に志す、三十にして立つ」、十五歳で学問をしようと思い、三十歳ですでにその方向が定まったといっておりますが、私は二十歳にして学問の中に入ることができない。三十歳にして立つことができないという、誠におそまつな青年時代を送ってきたわけです。すっかり自信をなくして、もう論文は書くまいと思ったんですが、しかし考えてみますと、当時私は名古屋大学の助手をしておりました。助手というのは大学での位置は決して高いものではありません。教員としては一番底辺にありますけれども、しかし将来は講師、助教授、教授と昇進していく、いわば教授候補者でもあるわけです。

そういたしますとやはり研究者として、自分の業績を作っていかなければ、学界は研究者として認めてくれません。学界が研究者として認めない者を、大学が教授にあるいは助教授にあるいは講師に、いくら教授会が自分の裁量でできるとしても、それはできないことです。よそからどうしてあんな業績のないやつをお前のところは助教授にしたのかとか、教授にしたのかというふうに言われかねないわけですから、大学ではたいへん厳密に人事をやるのが原則です。そういうことを考えてみますと、もし研究をやめてしまったら、結局私は大学にいることができなくなるわけで、そうなってくると食べられなくなります。最後は胃袋の問題になるのですけれども、それでなんとかしなきゃならんと考えてもがいていたわけです。

そこで気を取り直して、隋唐帝国というものをもういっぺん考え直してみようと思いました。考え直すといっても、前のような考え方ではできないわけですから、新しい立場を設けていかなければならない。まず第一に、隋唐帝国というものに何か前提を持ってあたるんじゃなくて、ありのままに、隋唐帝国とは本当にどういう国家なのかという問題にぶつかってみたい。これまでの前提を排してありのままに見てみよう。それから次には、ではどういう角度で見ていくかというと、隋唐帝国はどのようにして形成されて、あの大帝国になったのだろうかというその形成過程を考えてみたいと、そう思ったわけです。それから第三には、それを形成過程として見る場合に、それでは形成過程はどの時代になるかというと、当然隋唐帝国の前の時代、魏晋南北朝の時代になるわけですね。魏晋南北朝時代はだいたい四百年くらいありますが、それをどこからやるかという問題がでてきます。どこからでもできるわけですが、私がここで考えたのは、もっとも統一に遠い時代からやってみようということです。

隋唐帝国の国家の特徴はどこにあるかというと、魏晋南北朝の分裂した時代を再統一したということにあります。三世紀ぶりに中国は隋によって統一されました。それを受け継いだのが唐です。唐はさらにそれを発展させて、あの広大な世界帝国を築き上げたのですから、隋唐帝国の最も特徴的な性質は、ごく表面的に見て、統一の時代ということができる。これは前提でもなんでもないわけですね。誰だって認めている事実なんですから。その統一という、山でたとえるとたいへん大きな高く聳える山ですね。その山が形づくられていくときにどこからとらえるかといえば、むしろ最も谷間になっているところ、最も低いところ、つまり最も分裂したところから考えていってみようとそう思ったわけです。考えてみますと私自身が落ち込んでいますから、落ち込んだ自分を建て直していく、そういう自分の姿に重ね合わせているようなところもなきにしもあらずですけれども、だいたいいつも私はそういう発想です。何かプラスをプラスで捉えるのでなくて、プラスをマイナスから捉えるという、ちょっと天邪鬼なところがありますが、その時も自分の天邪鬼ぶりが出てきたわけです。

それで今申しましたことを具体的にちょっと見てみたいと思います。73頁の「三国・晋・南北朝年表」をご覧下さい。隋唐帝国の前の南北朝時代に北魏という王朝がありました。北魏は北方の遊牧民族系の国家で、鮮卑族の拓跋部《たくばつぶ》という部族が建てた国です。そしてその第三代の皇帝の太武帝という皇帝のときに北中国を統一した。それまでは五胡十六国の分裂時代です。太武帝は廃仏を行ない、道教を尊重したことで有名なんですが、その子孫の孝文帝という人のときに唐代に律令体制の一部となる均田制等々を創設しました。実はこういう制度を作ったのは孝文帝のおばあさんにあたる文明太后という、後の則天武后の前身みたいな人ですが、この人は皇帝にはならなかったんですが、孝文帝の後見役としてたいへんな権力を持って、こういう新しい制度を着々と実施したのです。たいへんな女傑です。孝文帝は親政するようになってから、平城（現在の大同）から洛陽に都を移し、と同時に、漢化政策を実行しました。北方の遊牧系の民族と漢民族と両方で国家を担っておりましたので、それを打って一丸として、漢民族のいろんな文化、風習、社会制度に合わせて、新しい漢民族風の国家を作ろうとした。非漢民族（いわゆる胡族）の言葉や服装なども朝廷で用いることを禁止したわけです。

そういう孝文帝の漢化政策への反動として、数十年後、北魏内部に非常に不満が起こって、それが内乱になる。その内乱を通じて国家は東西に分裂し、それぞれ北魏の皇族を皇帝に立てて、東魏、西魏に分かれました。その東西はどこで分かれるかといいますと、黄河が今の山西省と陝西省の間を北から南へまっすぐ垂直に流れておりますが、そこのところが大体ふたつの政権の境目になります。互いに黄河を渡っては相手に攻め入ったりして、ちょうど川中島の戦いを規模雄大にしたようなものです。東魏では、実質的な君主である実力者が政権を奪って北斉を建てる。西魏でも同じように北周という王朝を建てました。その北周が北斉を滅ぼして北中国を統一した。かつて北魏の太武帝が華北を統一したのを、分裂の後に再統一したわけです。

南の方の江南地方では、揚子江流域に漢民族の諸王朝が興亡して、現在の南京を都にしておりました。その南朝は宋・斉・梁・陳というふうに交替していくわけですが、最後の陳を隋が平定しました。隋というのは実は北周から出た王朝です。北周の政権に取って代わって、南朝の陳を滅ぼして中国全体を再統一する。また科挙制などいろんなことをやり、大運河も作る。ところが第二代の煬帝のとき、前回もお話したんですが、高句麗遠征に失敗して内乱が起こり、滅亡する。その内乱の中から唐朝が建設されて、約三百年間王朝が持続する。こういうことになるわけで、つまり隋唐帝国という統一帝国が成立する場合に、その山が作られていく一種の造山運動みたいなものが起こってくる、その一番の裾野のところの、一番落ち込んだ時代というのは、北魏に内乱が起こって東西に分裂した時代で、私はそこからはじめようと思ったんです。

六鎮の乱

その東西分裂がどのようにして起こったかというと、それを作り出した最初の大事件というのが、「六《りく》鎮《ちん》の乱」というものでありました。ロクチンと書いてなぜリクチンと読むのか疑問に思われるかもしれませんが、私たち研究者は漢音で読むのがだいたいの習わしです。呉音でロクチンの乱と読んでも間違いではありません。六鎮の乱とはどういうものか、46頁にあげておきました。これは京大東洋史事典からとったものです。ここにありますように、47頁の地図で黄河が北の方の内モンゴルに近いところで西から東へ水平に流れているところがありますね。その線をずっと東の方に延ばしたあたりに北魏前期の平城の都があった。その周囲にたくさんの鎮を置いた。つまり軍事上の防衛都市を作っていたんです。北の方には、柔然という民族がいて、北魏を圧迫していた。それの防衛ということが非常に大きな課題となっていて、そういうたくさんの鎮を置いた。その中で主要なものが六つあって、これを六鎮というわけです。軍事的なコロニーです。

平城が首都であったときには、その北方の線がだいたい国の中心みたいになっていた。ところが孝文帝が都をずっと南の洛陽に持ってきましたので、それらの鎮は置き去りにされることになる。そこから反乱が起こってくるわけです。五二三年にこの乱が起こるのですが、その反乱にまきこまれた民衆が何十万と

六鎮《りくちん》の乱

北魏末の反乱。北魏は建国初期より北方国境地帯に国防上の目的から軍政地区ともいうべき鎮を列置し、鮮卑・匈奴など北族系の豪族や中国内地の豪族を鎮民としてここに移住せしめた。これらの鎮民は北魏中期以後、次第に朝廷より冷遇せられ官途につく資格もない府戸とされ、中央より赴任した鎮の長官らから酷使搾取されたので不平は増大した。六鎮とはこれらの北鎮中の主要な懐朔・武川・撫冥・柔玄・沃野・懐荒の6をさしたものと解される。523年（正光４）沃野鎮民が挙兵、鎮将を殺害すると、たちまち諸鎮に伝わった。この乱は将軍爾朱栄らによって鎮定されたが(530)、その間、外には梁軍の侵入があり内には爾朱氏の専横が生じ、北魏滅亡の主原因となった。（東洋史事典）

あり、それがどっと南下して洛陽の都の方へ迫っていくわけです。北魏の朝廷にたいへん不満があって、南の方へ迫ってきたわけです。そういう鎮民の軍事力を利用して、東魏、西魏というふたつの国家が生まれるのですが、その反乱の主体である鎮民というのはいったいどういう人たちなのかということから私の研究がはじまりました。

鎮民は史書によりますと、しばしば城民という名前で書かれています。当時の人間の住む集落を考えてみますと、都市と農村に分かれておりました。当たり前だろうとおっしゃるかもしれませんが、漢代には都市と農村というものは分化していなかった。都市の中に農民が住んでいたんです。農民は都市の中に住んでいて、そして城郭をちょっと出て、田圃で耕してまた帰ってくるという生活をしていたといわれております。都市民が農民でもあるということは、これはギリシアのポリスなどもそうなんですね。ギリシアのポリス市民の主要な部分は農民なんですね。洋の東西を問わず、古代の民衆というのは、都市民であり、かつ農民である。ところがこの魏晋南北朝時代にはそれが分化してくる。この農村は「村《そん》」と称せられている。村という集落が、魏晋南北朝時代に盛んに出現してくる。この村の話は次回お話をしたいと思っています。

一方、都市の方なんですが、都市はどういう構造をしていたかと申しますと、城と郭、城が内城で郭が外郭です。内と外とふたつの構造に分かれておりました。皇帝のいるところとそれから政府や官庁のあるところが内城の区画です。それからその外側の外郭の内部がたくさんの坊に分かれていて、これは官吏や一般の民衆の居住区です。一番外側の外囲いが郭です。唐の長安城もそういう当時の中国の都市計画の伝統を受けつぎ整備して、こういうふうに城と郭でできていた。城民という場合の城というのは何かというと、私は城と郭の中の、城の部分に住んでいる人たちのことであろうと思っています。都市の一番中心部にいた人々で、軍隊に所属している、兵士とその家族であります。将校ももちろん入っています。その城民が鎮に配置されていたわけです。

さらに調べていきますと、城民という言葉は、この辺境の鎮だけでなくて、内地の都市にもたくさん出てくるんです。下の地図の黒丸が、そういう城民

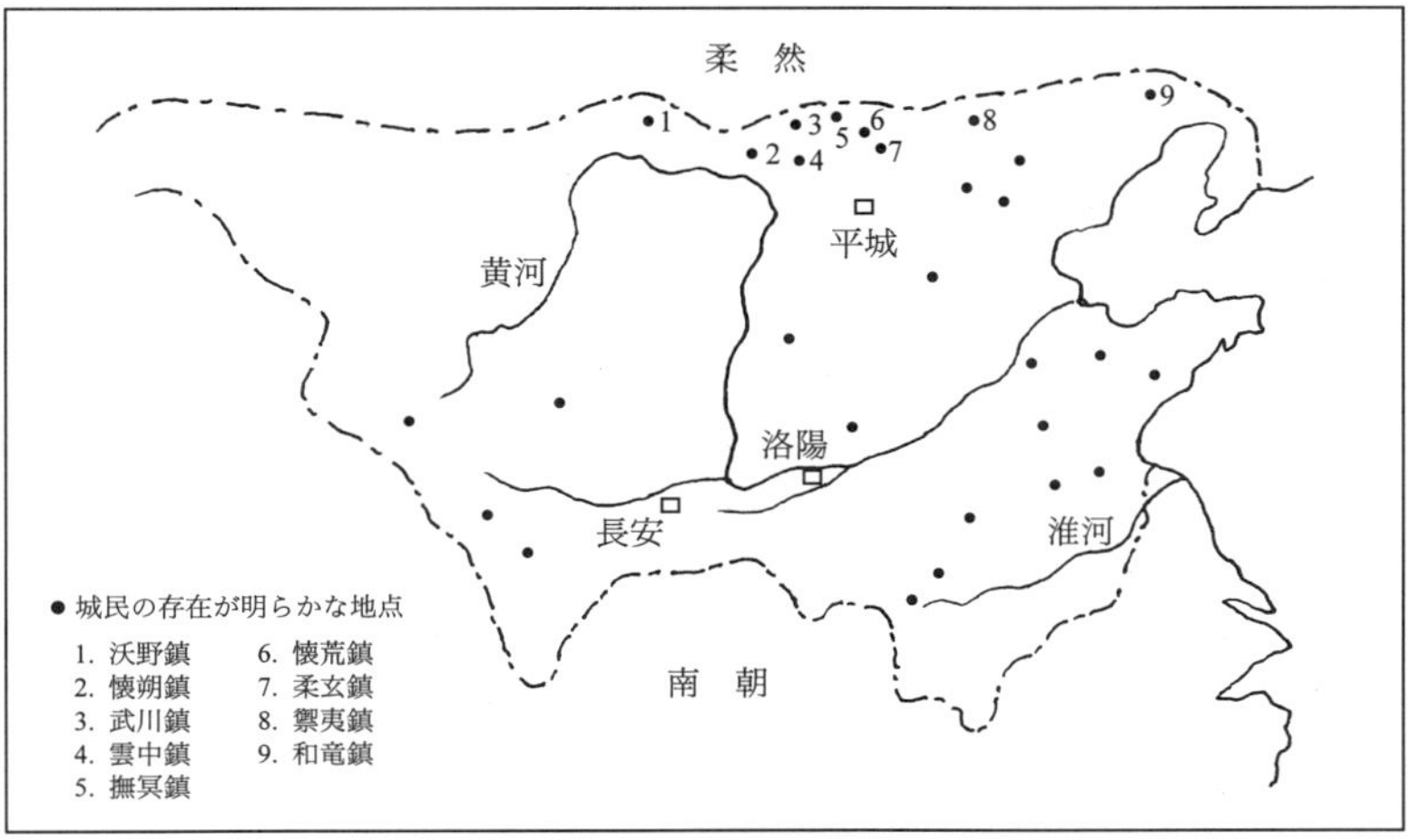

北魏城民分布図

のいたところなんですが、これはいったい何を意味するかといいますと、北魏帝国というのはもともと鮮卑族拓跋部の、つまり北方民族の国家です。北方民族が中国の内地に入ってきたときに、彼らはどういう役割を持って入ってくるかというと、北方の遊牧民族の中の成年男子はすべて兵士です。国民皆兵という言葉がありますけど、部族民皆兵なんです。いざとなればその部族の成人の男子はみんな馬に乗り、武器を持って軍団を作って闘い、敵のものを掠奪したり、遊牧地を占領したりするわけです。そしてそれを率いている酋長は、闘って得た獲物をできるだけ公平にみんなに分配するという役割をはたしている。そのように遊牧民族はたいへん軍事に長じておりますから、北魏帝国が中国の内地に国を建設したときにも、その民は、兵士として中国全土の重要な都市に配置された。それの一番はっきりした例が、北方の鎮民だったわけです。

鎮民政権の樹立

ところが孝文帝が漢化政策を行なう。孝文帝の漢化政策の基本は先程申しましたように、漢民族と遊牧民族出身の人たちとをひとつに合体させて、ひとつの新しい支配階級の集団を作って、国家を運営していくことにある。その場合支配層を系統づけるシステムが必要になってくるはずです。このときに孝文帝が採用したシステムは、その頃漢民族の中に行なわれておりました貴族制度です。貴族制度というのは家柄の一番高い人、その次、それから三番目というふうにピラミッド型に社会が構成されていて、お互いに結婚するときにも、一番家柄の高い人は同じランクの家でないと結婚しない。下のランクとの結婚は恥とするというような通婚の仕方をしておりまして、それから政府の役人の位もそういう家柄の高下によって決まってくる。九品中正法（九品官人法）というのがそういう官吏登用の制度で、そういうシステムを北方の遊牧系の人たちにも適用して、その支配階級を、貴族制的な支配階層に新しく構成し直し、その漢民族の貴族階級と一体化して国家を新しく再編し、そして南方の南朝政権をも征服して中国全体を統一したい。これが孝文帝の理想でありました。そうしますと洛陽にはたくさんの遊牧系貴族ができてくるわけです。漢民族風の貴族が遊牧系の人たちの中にも出てくる。

そうなりますと、北方に置き去りにされた鎮の人たちというのは、たいへん不満なわけです。もともと俺たちとあいつらとは同じ遊牧系の民族で、また同じ部族の出身でもあることが多いじゃないか。あいつらは華やかな首都洛陽で、都ぶりの生活をしてる。俺たちときたらいったいどうだ。俺たちも役人になろうと思って、少し勉強でもしようと思っても、お前たちは国境の勤務に就かなければいけないから外に出てはいかんといわれるし、外へ出ていこうとすると、つかまって処罰をされるということになる。そういうことで彼らの地位は低下していきまして、一般の良民よりももうひとつ低い賤民のような状態に落ち込んでいくわけです。落ち込んだところからというのは私のキャッチフレーズみたいなものですが、ここでも落ち込んでしまいましたね。かつては自由な遊牧の民です。そして戦士として闘って武勇を発揮すれば、敵からもいろんな獲物を得られるわけです。羊とか牛とか。あるいは中国側に入ってきたら、いろんな金銀とか財宝とか、あるいは美しい女性とか、そういうのを獲得していけるのに、かつてはそういう自由な戦士の身分であったのに、今は賤しめられた身分にしばられている。洛陽の人たちと非常な差がつけられてしまったという不満がふつふつと起こっておりましたときに、飢饉に襲われてひどい食糧難の状態になってしまいました。そこでこういう反乱が起こったわけです。先ほど申しましたように、こうして大量に南下してきた鎮民たちをそれぞれ掌握して、ここに東魏と西魏という、ふたつの王朝ができたわけです。

府兵制のなりたち

さて、その東魏と西魏とはお互いライバル同士ですから激しく闘い合うのですが、どちらかといえば東魏の方が鎮民の数が多い。つまり軍事力が大きいわけです。西魏の方は非常に少ない。西魏の都は、長安(現在の西安)にありました。それから東魏の方は鄴《ぎょう》(現在の河北省臨漳県)にありました。西魏は軍事力を増強しなければ相手と闘えないというので、郷兵というものを募集します。郷兵というのは長安や、その周辺の地方の豪族に、郷里の民衆を率いさせて、軍隊に応募させたわけです。そして何人つれてきたらどれだけの将軍の位を授けてやるという規定を作って、募集をしました。こうしてそこに新しい軍隊ができたわけです。これを西魏二十四軍と申します。

次頁の図表をごらんいただきたいと思います。これは浜口重国という先生がお作りになった表で、この表によると、二十四軍の軍というのは、その真ん中あたりに「開府儀同三司《かいふぎどうさんし》」という将校の位があって、それが一軍を率いる。それを合わせて大将軍が二軍を率いる。その二軍をふたつ合わせて四軍。これを柱《ちゅう》国《こく》大将軍という。六人おります。この六人が軍隊のトップです。この他にこれの総司令官として、西魏の政権の実力者、宇文泰という人がおりますが、それは省略してあります。六人の柱国大将軍、十二人の大将軍、二十四人の開府儀同三司、それから下の方、儀同府という府を、だいたい九十六くらい置いたらしいです。そしてこの郷兵をその儀同府に所属させた。つまり地方の豪族が民衆を率いた。これを郷帥《きょうすい》といいます。これが後の唐の府兵制の起こりだといいますが、唐の折衝府《せっしょうふ》の一番最初はこの儀同府と考えても

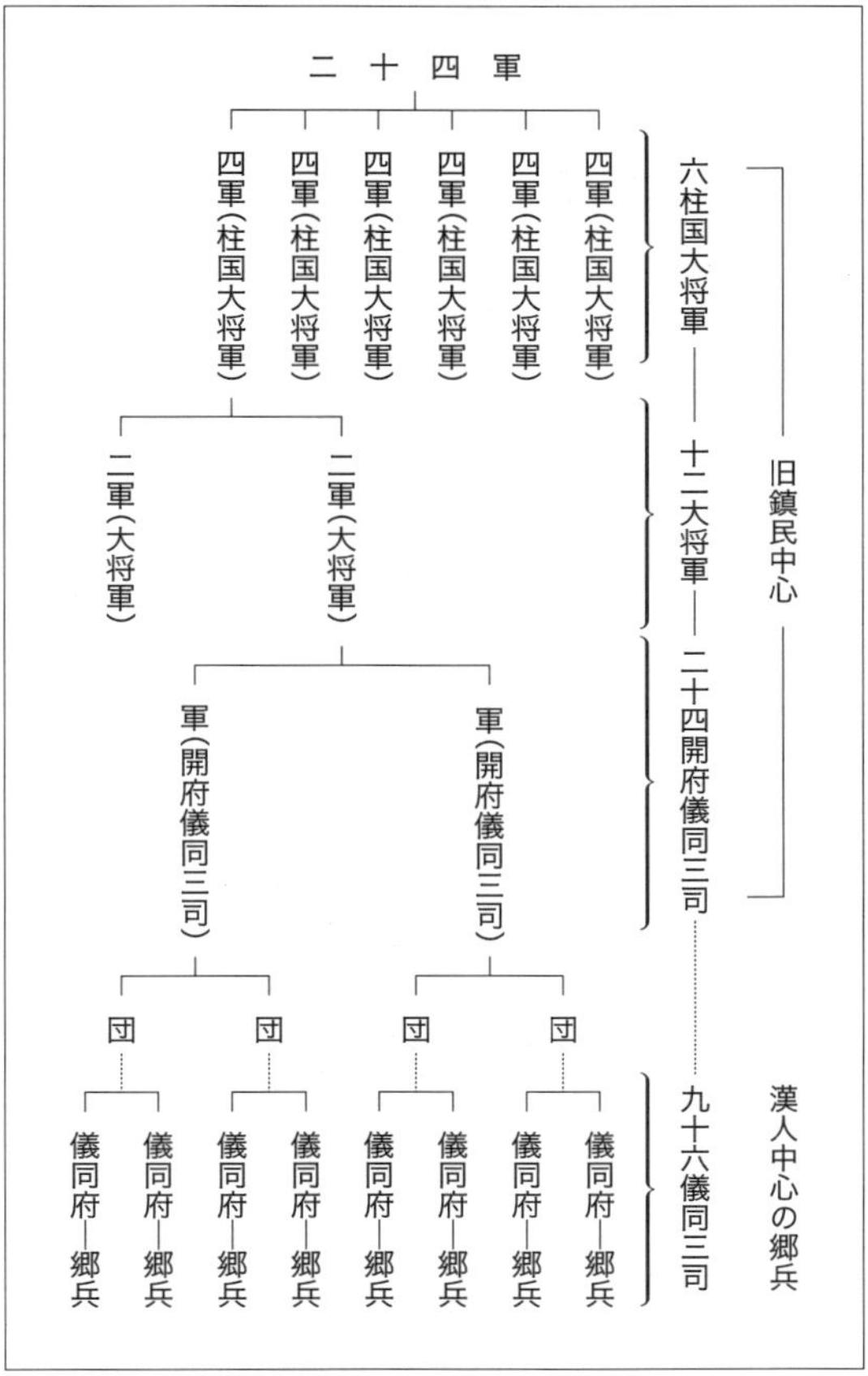

府兵制二十四軍系統図（浜口重国氏説による）

さしつかえないかと思います。このようにして非常にしっかりした軍隊ができたわけです。西魏の政権のあと北周が新しく立ちました。その北周の武帝が相手の北斉を平定して北中国を統一したわけです。北周の武帝はこの兵士たちに侍官という称号を与えました。つまり北周の天子を侍衛する官というわけですから、これはたいへん名誉な称号です。単にこき使われている軍隊ではなくて、皇帝を護衛する、直属の軍人であります。こういうたいへん名誉な称号を与えて、兵士の地位を引き上げて、その引き上げた力で北斉を平定いたします。そしてこれが次に隋唐に受け継がれて、府兵制になるわけです。

府兵のパワー

王朝というのは英語ではdynastyと申しますが、私はある日、dynastyとは本来どういう意味だろうと思って、簡単な英語の語源辞典を引いてみました。そしたらこれはギリシア語のdynamisという言葉と関係があり、dynamisとはパワー、あるいはパワフルという意味だということが書いてある。なるほどそうかと思ったんです。王朝は力なり。dynamicという言葉も同じ語源からきている。動態的な力に満ちた力の動き。そのようにして王朝というものはできるとギリシア人は考えている。これは中国にももちろんあてはまることです。この府兵たちのパワーが隋唐帝国を作り上げたというのが私の考えです。

では府兵というのはいったいどういう人間だったのか。例を挙げてみましょう。これは『隋書』(二十四史のひとつ)に出てくる隋の張定和という人の話ですが、彼は長安の人で貧賤だが志節ある人物であった。侍官になったときに隋が南朝の陳平定作戦を企てる。彼も行かなければならないのですが、貧乏ですから何も支度ができない。自分の妻に、「お前が嫁に来たときの衣裳があるだろう。あれを売れ」といいましたら、「いやですわ。あれは母さんが私のために作ってくれたんですもの」。そんなことは書いてないですけど、拒んで、承知しない。そこで、定和はそのままおそらくボロボロのみすぼらしい格好、それから刃のこぼれたナイフみたいなものを持って出かけたんでしょうか。ところがめざましい働きをして、高い位につき、絹千四、すごい量の褒美をもらいました。妻の嫁入り衣裳などとは比べものになりません。そこで「俺はこんなに働きがあるのに俺を見る目がない。お前はもう出ていけ」とばかり追い出してしまうわけです。その後突厥《とっくつ》などと闘って、最後には左屯衛大将軍になった。左屯衛大将軍というのは先ほど言いました、西魏の二十四軍の一番トップの柱国大将軍にだいたい相当する司令官です。これだけ出世してしまう。たったこれだけのことで妻を離縁するなんてけしからんじゃないか。そう思われる方がおられるかもしれませんが、私はこれを読みましたときにハッと思った。つまり一介の民衆がやろうという気持ちを持って従軍して手柄をたてて、今までの身分よりもずっと高いところへ出世した。そういうサクセス・ストーリーではありますが、しかしこの時代の府兵になった人たちの心意気といいますか、そういうものが伝わってくる記録だと、そういうふうに私は受け取ったわけです。

この張定和さん、たいへん私は好きでして、いつもそれを論文とかに引用するのですが、ある研究者にそれを送りましたら、唐の制度では府兵は小さな武器とか食糧とかいうのは自前で持っていかなければいけないという規定があるわけです。その研究者の方は、この史料は、隋の時代でも唐の府兵制にあるように、小さな武器とか、食糧とかを自分持ちで携えていったということを示す史料だと、こういうふうにいわれた。私はそれはそうかもしれないけれど、そうだとしても隋唐の府兵が食糧とか、それから大きな武器は別として小さな武器を自分持ちで持って行くという、そういう軍隊であったことの意味を、さら

唐代の府兵制

1．労働力の多い一般民戸から身体強健な壮丁を選抜する。
2．兵士は郷里に近い軍府（折衝府）に登録される。
3．軍府の兵力は平均1000人で、全国600ヶ所以上に置かれた。首都付近が最も多い。
4．軍府はそれぞれ中央の十二衛及び東宮六率府に所属する。
5．府兵は1～2月交代で首都の警備につく（衛士)。
6．府兵は在役期間中1回、3年間辺境防衛に当る（防人）
7．5・6以外は自家で生産に従事、農閑期には訓練を受ける。
8．府兵は租庸調を全免されるが、勤務に就くときは、一定の食料と小武器を自弁する。

に考えなければならないのではないかと思いました。

つまり制度がそうであったということで終わってはいけないので、その制度のもうひとつ底にあるものは何かというと、やはりこの時代の民衆は強制されていやいや府兵になったわけではないと思うんです。やはり自発的に、豪族に率いられて、豪族自身は、それだけの兵士を集めていけば高い位をもらえるわけですから連れていくわけです。しかし兵士も彼に従って闘ったらやはり出世していくわけです。自分のみじめな、一介の民衆としての位置から抜け出して自由な、よい身分になれるわけです。そういう気持ちを非常によくうかがわせる史料だとして私はこれを読んだのです。みなさんはどういう感じをお持ちになるでしょうか。おそらくこの『隋書』の編集者もそういうつもりでこの人を選んだのだろうと思います。この伝記のキーワードは、「貧賤なれども志節あり」という、この一句にあります。人間が非常にしっかりして、貧賤でもやろうというときにはやるやつだと、こういう気持ち。ここに張定和の出世の鍵があるわけですが、そういう自分を見抜けなかった妻など追い出してしまえ。それと反対の例が山内一豊の妻の話ですね。奥さんが嫁入りのときに持ってきた持参金を鏡台の裏から出して一豊が買いたくてしょうがないと思っていた馬を買ってやった。一豊は、それで手柄をたてて、最後には土佐藩の初代藩主になったということです。それと反対の話ですが、当時の府兵の人間像をうかがわせる史料だと、私は思っております。

そういうエネルギー、民衆の底からエネルギーが出てくれば、それがこれまでの門閥貴族制、家柄制度に対しては反対の力となって働いてくることはたしかです。誰でも、張定和のような貧賤の人間でも、軍人として最高の栄誉を担うようになるわけです。そういうチャンスが与えられるのですから、これは反門閥主義のエネルギーだということができます。隋唐の皇帝というのは、もともと国軍の総司令官の出身で、北周の武帝もそうですけれど、その軍隊は、皇帝に対して忠誠を誓って、そして自由な身分を獲得していこうという、そういうエネルギーにあふれた軍隊です。これが隋唐帝国というものを作り上げた軍事的な原因ではないかというふうに考えた次第です。そして私はこれを府兵制国家というふうに呼んでいます。府兵制だけが隋唐の唯一の体制ではありませんが、軍事的な面からいえばそういうことがいえるのではないかと思います。

中国再統一の意味

中国がこうやって再統一された意味はどこにあるのでしょうか。申し忘れましたが、先にお話しした二十四軍のトップの方は旧鎮民が中心になり、下の方の軍団は漢人中心の郷兵がこれを構成している形になります。これは軍隊の創設された最初ですからこうなっていますが、だんだん胡族と漢族の両方が交ざっていくことはたしかです。要するにこの制度では胡族と漢族が一体になってひとつの軍団を構成している。これは種族の融合を意味します。それから次には、北方の鎮民の反乱は洛陽の貴族に対する反抗であったわけですが、そうやって民衆が軍隊に身を投じて、そして闘っていくその力というのも、これはやはり反門閥主義の潮流のひとつと考えることができるわけです。ここには身分の水平化という意味があります。他の制度でいいますと、隋のときにできた科挙制度がそうですね。それから最後に隋が南朝を征服して、江南地方を統一します。江南地方は南朝以来たいへん開発され、文化と経済の両面において高いレベルを示すようになります。そういう地域を北方が統一するわけです。

この三つの事柄を総合してみますと、社会がより開放的になった。種族的にも、身分においても、地域においても、社会が非常にオープンになっていく。これが隋唐帝国のひとつの特徴だと思います。そして唐の時代になってきますと、さらにそれは世界帝国を作っていくわけです。中国の周辺地域には非漢民族がたくさん部族生活をしているわけですけれども、そういう部族の首長に対して、唐朝は彼がその部族の首長であることを認める。たとえば契丹族であれば契丹の王として認める。しかしその一方で唐の地方行政機関である州県の長官に任命しています。いわゆる羈縻《きび》政策です。だから唐の周辺の部族の首長はそういう部族の長でもあり、唐の官吏でもあるという二面性を持っている。漢代ではそういうことはありませんでした。ですから非漢民族でも、唐帝国の世界の一員として生きていくわけです。そういう多様な民族を包摂する運動が我が日本にも及んできて、日本もまたこの世界に属することになります。私は、そういう唐の開放性が、日本の古代文化の形成に絶大な役割を果したということになるのではなかろうかという推測をたてているわけです。

隋唐帝国の原点

最後に、隋唐帝国を作り出した原点というのは何かという問題ですが、宇宙ができるときビッグバンによって、小さな物質がどんどんどんどん広がって、それがまだ拡大しているんだそうですけれども、唐の世界帝国を生み出したそんな最初の一点は何か。これはふたつの源流として考えなければいけないのですが、北方の遊牧民族の場合はずっと淵源をたどっていきますと、遊牧部族の共同体。漢族の郷兵の場合は地域の共同体。それぞれ違いますけど、このふたつの種類の共同体が、お互いに影響し合って、そして国家形成の大きな流れを作り出していったのではないか。共同体というのは、前近代における社会の基本形式であります。前近代社会ではこういう形をとることが普通です。そういう中で民衆はなんらかの形で自由を保有しています。その自由を一旦失った遊牧系の人たちが、これを奪還しようというのが六鎮の乱でありました。そしてそれに導かれて漢族の民衆も地位が向上していったということになるのではないかというのが私の結論です。

先回お話しました「隋唐帝国をどう考えるか」という題の私の文章と比べ合わせて思うんですが、私はあのときには隋唐帝国の民衆というのは支配層と敵対関係にあり、それによって隋唐帝国は成り立っていたというふうに考えておりました。それから一定の経過を経て、この研究を行ないましたときには、それとは非常に違った隋唐帝国観が出てきたということになるのではないかと思っております。47頁の地図は『隋唐帝国形成史論』という私の著書からとったものですが、『隋唐帝国形成史論』というのは、この六鎮の乱の研究を出発点とした私の論文集です。一九七一年にこの書物を出版することができました。これは京大に博士論文として提出したものですが、かつて私が落ち込んでしまったのは何年でしたか、一九五五年とすれば十六年かかったわけです。けれどもその十六年というのは、今回顧してみても、苦しかったけど楽しい時期でした。中国の正史、つまり二十四史の関係部分を読み続けて、とにかくこの時代はどうなってるんだろう、この時代の人たちはどう考えてどういう行動をしていたのか、そういうものをできるだけ虚心坦懐に見ていこうと思って、小説を読むみたいに読んでいったんです。

この時代の正史は一見たいへん無味乾燥ですが、そこに出てくる人物には、権力者によって圧迫されながら、官僚としての任務をはたすために、自分の身命を賭して頑張ったような人たちもたくさん出てくるわけです。私はそういう人たちの伝記を読むと何か涙が出てきて、同情の気持ちで読み進んだことを覚えております。当時住んでいた静かな住宅地の遠くで昼間鶏が鳴くんですね。なんともいえないおだやかな気持ちで、史料を読んでいたことを覚えております。私の考え方が本当に正しいかどうかはわかりません。ただこういうふうに考えることができるのではないかという問題を、ここに提示することはできたのではないかと思っております。

〈質疑応答〉

質問　唐代の辺境防備についておうかがいしたいのですが。歴史の中で広い領土を長い期間支配していたような国は、たとえばローマ帝国などにしても、辺境地域に自分たちの文化を力で押しつけたりするよりは、むしろ辺境地域の文化とかを尊重して支配していたと思うんですけど、唐帝国なんかだと、中華思想とかに見られるように、そういう発想はあまりなかったと思うんですけど、ほんとにただ力で押さえるだけで長い間支配ができたのか。それとも他に何かあったのでしょうか。

谷川　たいへん難しい質問なんですけど、最初から力で押さえつけるということはあまりなかったのではないかと私は思っています。先ほど羈縻《きび》政策のところで申しましたように、そこの部族の長は両方の性格を持っている。唐朝の官僚であると同時に、その土地の首長でもあるわけです。それを押さえつけるとしたら強力な軍隊で押さえつけるというのが普通ですが、当時のそういう辺境に置かれた軍隊がどのようなものであったかといえば、都護府というものが置かれておりました。その都護府の許に府兵が辺境勤務として在役期間中に三年間行かなければならない。これを防人《ぼうじん》といいます。日本の防人《さきもり》の制度はこれにならったものです。だけれどもそういう軍隊で強力に押さえつけることはできないと思うんです。むしろそういう地方の民族が自主的に唐朝に帰順していくという、そういう体制を作ることではじめて平和が保たれている。だからむしろ私はその地方の漢民族でない部族の長の人たちは、できるだけ唐朝の官吏として高い栄誉を持ちたいという、そういう気持ちだったと思うんです。そういう体制がとられている間は唐帝国とその周辺は平和的な体制をとってきた。

それからまたこういうこともあります。唐の基礎を築いた太宗という皇帝に対してその周辺の諸民族は天可汗《てんかがん》という称号、可汗というのは遊牧系の民族の一番の首長ですが、天可汗でありますから最高の位ですけど、その称号をたてまつっているわけです。そういう点で実は唐の皇帝は遊牧系の民族の一番の首領でもあるわけです。そういうたいへん融和的な政策をとっていたのです。羈縻体制というのはそういう意味で維持されていたと私は思っています。しかし問題は、これはまだよく研究されていないんですけど、唐の玄宗時代頃になってくるとそういう体制が崩れて、羈縻体制政策が破綻したと普通にいわれるんです。そのときには遊牧系の民族と唐王朝との間に深い対立関係が生まれてきています。

たとえば契丹《きったん》という民族はもともとは羈縻体制の中で、唐朝とたいへん平和的に共存していたんですけれども、玄宗王朝の前あたりから反抗に出てまいります。そして契丹族と奚《けい》族の両方が連合をし、その中に突厥も入ったりしてたいへんなトラブルが起こります。これはなぜかというと、やはり玄宗時代の体制として、唐王朝の力を周辺にことさらに誇示し、おそらくまたいろんな物質的な収奪を行なった。それは辺境にいる出先官僚がそこからいろんなものを収奪して、皇帝に献上して、自分の地位をあげるというようなこともあったのではないかと推測しているんですが、そういうふうに双方の関係が変質してくるんです。一方では周辺の民族の実力が高まってくるということもあり、契丹族は最後には遼の国家に成長していくわけですね。そういう唐の最初の時代と、中期の玄宗時代とでは変化が起こってくる。私はローマ史のことは知りませんけど、ローマ時代も最初はたいへんうまくいっていたのが、あとになってくると、だんだん帝国と周辺社会との対立、矛盾というものが激しくなってくるということがあるんじゃないかという気がしておりますけど、いかがでしょうか。それから唐の文化が周辺に移って、その地でたいへん尊重されたということの例は、たとえば唐三彩という焼き物がありますが、後には遼の時代に遼三彩というものが作られる。そういうことにも現われている。日本でも奈良時代には奈良三彩というのができます。あれもやっぱり唐文化というものを模倣して作ったものでしょう。これらは唐からの一方的なものですけど、その反対の例というのもあるんだろうとは思うんですが、具体的にはあまり明確にはお答えできません。

質問　先ほどのお話についてお聞きしたい。谷川先生のお話は隋唐帝国というのは民衆が支配者に抑圧されていたという構図ではなくて、むしろ民衆のダイナミズムで作られていったという理解でよろしいでしょうか。

谷川　民衆が自分の地位を上げていこうという気持ちがあって、それがひとつのパワーになっているというふうに考えるわけです。

質問　中国の歴代王朝というのは漢以降は儒家思想によって支配されてきたと思うんですけど、儒家思想というのは大義名分論に見られるように身分の一定化とか、上下関係を重んじると考えているんですけど、身分の水平化というのは、儒教の考え方に矛盾するのではないかと考えているのですが、この水平化を行なうために持ってきたのは仏教思想という考え方ではないかと考えたのですが。

谷川　いい質問です。私が説明しなければならないところを時間の関係で省きましたから、そういう疑問が当然出てくると思います。儒教がどうこうというだけではなくて、中国社会そのものの問題でもあると思いますけれども、ここで身分の水平化と申しました。では身分制というのがなくなったかというとそうじゃない。中国の社会全体を通じていいますと、中国の前近代には基本的にふたつの身分があります。ひとつは士大夫（士）の身分です。もうひとつは民です。士と民です。これは殷の時代にあったかどうかわかりませんけど、周代からはすでにはっきりしている。それは漢代にもありましたし、魏晋南北朝、隋唐時代それから宋代になってもあります。清朝になってもあります。それは儒教思想にも繋がってくるんですけど、孔子は自分の弟子たちにいろんな形で教育してるわけです。それが『論語』の中にいろんな言葉で出てきます。その孔子の教育方針というのは何かと申しますと、士たるべきものはどうでなければならないかということです。彼は民の教育をしているのではなく、士というものはいかなる在り方をすべきか、人間としてどうなければいけないかという教育をしました。士というのは民を治める治者階級ですね。その治者階級というのは、やはり自分一個の利益を考えないで、民のことを考えるべきである。ということを孔子は徹底して弟子たちに教えたわけです。そういうふうに、士というのは民よりも一歩高い位ですけど、その位というのがなぜ高いかというと、その人たちは道徳的存在であって、単なる自分の利益というもので動いたりしない。そういう階層ですから、たとえ自分に不利なことがあっても、これが民のためであるとしたらそのために献身的に尽くす。そういう政治をやるというのが士の任務だというわけです。

そういう理念がずっとありまして、隋唐時代にももちろんあります。科挙制度を受けて役人になる。そういう人たちも士としての試験を受けて役人になるのであって、それは民にはできないわけです。特別の場合は民であった人が、そういうことができたかもしれませんが、学校へ行って、ある程度の資格を得て、そして試験を受けることができたかもしれませんけど、まあ実際問題としてそういうことはできない。要するに唐代の官僚というのは士の身分なんです。この時代に身分の水平化があったといいましたが、民の中からたとえば軍隊に入って、手柄をたてて、そして将軍の地位を得たとしますね。将軍の地位は武官になるわけですから、その武官には位があるわけです。その位を得たら、彼は士なんです。士の位になった。民の身分から士の身分に変わったわけです。つまりそういうチャンスが多くなったということではあります。民の身分から士の身分になっていくチャンスがあった。あったけれども体制は士と民を区別した体制です。だからそういうチャンスを自分のものにできなくて、いつまでたっても民である人もいるし、それからうまくいって士の身分に到達した人もいる。そういうチャンスが開かれていったことを、身分の水平化といったのは、それまでの門閥社会、つまり家柄が固定していて、一番上のランクは一番上同士で結婚する。それからそういう政治的な地位を獲得できる。下の者は下の地位しか獲得できないというような、そういう階層的な身分制度というのは打破されていく。そういう意味で身分の水平化といったわけです。士の身分の中で水平化されていくわけです。

質問　そうしたら近代ヨーロッパの場合、市民革命というのは身分だとかそういうものを取り払う平等だと思うんですけど、中国社会の場合は、平等化という場合チャンスを、機会の平等化というか、上にあがれるそういう機会を、農民でも持てるようにしたということですか。

谷川　この時代はまだ七世紀八世紀ですから。この時代ヨーロッパはどんな時代ですか。まだ市民革命にほど遠いでしょう。だけど中国では身分の水平化が行なわれている。中国の方が早い。そして科挙制度という制度。これもヨーロッパにはない。それから宋代になるとそれがもっと徹底していくわけでしょう。宋代にも士と民の違いはあります。しかしもっとそういう意味でのチャンスは大きくなっていく。しかし清朝までそれは続いた。ヨーロッパの方は市民革命で身分の区別をとっぱらっていく。ここで中国は遅れたんですね。そうすると遅れた中国は近代化でどうするか。どうしてその問題を解決していくかということに当面していくわけです。ですから清朝末期に科挙制度も廃止される。それから辛亥革命が起こって民国になる。中華人民共和国になる。その近代のプロセスの中でそれがどうなったかという問題を考えていかなければならないと思う。この七～八世紀の時代と市民革命を比較することはできない。むしろ中国の方がある意味では、身分制はあったけど水平化を目指しています。その身分というのが、魏晋南北朝や隋唐時代は、まだ非常に固定的なんです。それにもかかわらず一画が突き破られていったということになる。ですから中国人の意識というか、そういう点での意識というのは、ある意味で高かったということもできるのではないかと思います。

あなたがおっしゃった仏教はたしかにそういう面も持っていると思います。身分を越えて万人が仏様の慈悲によって救われていくということですから。それはたしかにそういう役割も果たしている。ですから民衆がそうした社会の固定化に対して、自分たちが非常に大きな圧迫を感じているときには、仏教がそれを打破する、反乱のイデオロギーになったことも考えられる。また仏教が秘密結社を作っていく場合のひとつの大きな武器になったとも考えられる。たとえば白蓮教のようなものが考えられます。つまり両方の面があるんではないかと思います。身分制度というものが存在している中での変化と考えたらいいかもしれません。原則的に身分制度というのはあるわけです。それから治める者と治められる者との違いはどこにあるかというと、治められる者は肉体労働つまり力役で国家に奉仕する。治める者は肉体労働は免除されています。なぜか。それは治めるというたいへん尊い仕事をしているわけですから、肉体労働というフィジカルな仕事はしない。どういう仕事をするか、頭で考える仕事。思想の仕事です。ちょうど、プラトンも『国家論』の中でそういうことをいっているでしょう。それと似たようなことが中国でも考えられてきたわけです。

質問　胡漢の融合の話でしたけど、そういう異民族との文化的な融合のときというのは、反動といいますか、対立みたいなものが起こると思う。たとえば日本の幕末に攘夷思想が起こったように。漢民族の方からの胡族に対する反発が、たとえば反乱というかたちをとって現われたというようなことはなかったのでしょうか。

谷川　それはあり得ることです、部分的には。しかしそれをやっても強力な武力で鎮圧されてしまいますから。いろんな抵抗はあったと思います。ではなぜ融合ができたかということですね。北魏帝国ではそれに一世紀くらいかかっています。長い間中国の内地に住んでいますと、遊牧系の人たちでも中国の社会になじんで、そして中国の学問をやる、中国の文化というものを尊重する、そういう態度が出てくるわけです。そういうふうにしないと、中原にできた王朝の中で自分たちはどうしても漢族に対していつも引け目を感じなければならないわけでしょう。だから長い間にもう自分が胡族であるとか、そういう意識がだんだん薄れてくるわけです。むしろ学問がたいへん好きだというような人たちも出てくる。漢民族の場合にはだいたい苗字が一字名です。李とか張とか。ところが複姓といいまして、二字以上の場合にはひょっとしたら純粋の漢民族ではないんじゃないかという気がするでしょう。たとえば谷川といえば、何か東の方の倭人じゃないかというふうに、そういう感じがあるわけです。それでそういう漢民族のある貴族が胡族系の貴族の人に対して、あの人が複姓でなければ素晴らしいのに、教養もあるし、人柄も立派だしと言ったという逸話があります。そういうふうにだんだん変わってくるんですね、人間というのは。問題は文化なんですね。文化というものを習得して、自分のものにしていけば、たとえ胡族でもやはり漢族と同じように肩を並べてやっていける。これは中国社会の非常におもしろい特異な現象です。

後の清朝時代にも、満州族と漢民族との種族的な区別はあるけれども、それはたいした本質的な差別ではない。むしろ文化が問題なんだ。だから漢民族の高い文化を自分のものにしている民族だったら、それこそがこの中華世界を支配できる。そういうことが、清朝時代のひとつの方針であったし、主張であったわけです。北魏ではそこまでは行きませんが、しかし孝文帝が漢化政策をやったのは、それだけの自信があったのでしょう。後の時代に明らかにこれは匈奴系の人である、あるいは鮮卑系の人である、あるいは朝鮮系の人であるということがわかっていながら、官僚の世界で活躍した人はたくさんいるわけです。そういう区別はしない。なぜしないかというと、彼らが文化人だからです。中国社会には独特の文化主義があります。私たちも中国文化というものをちゃんと身につけておれば、私は中国人だといったって少しもさしつかえないですよ。私は文化的中国人だといえばいい。いう必要もありませんけど、日本人ですから。そういうものだということはいえる。

質問　今の答えられたことと関連するんですけど、もう少し具体的に。北朝時代に漢化政策に反発をした鎮民の不満とかが北魏の内乱に繋がっていったというお話でしたが、北朝時代に漢化政策に対する不満に対して、時間がたっていく中でまた融合していくということだったんですけど、東魏西魏それから北斉北周で違いがあったのか、北周に繋がる王朝の方がより早く融合していったのか。またそのことがやがて統一に繋がっていったと考えていいのかということについてお尋ねしたい。

谷川　先ほどちょっと紹介しました、私の『隋唐帝国形成史論』の中にその問題は書いてるんですけど。

もう少しコンパクトには、『世界帝国の形成』という新書の中にも書いてあります。お答えしますと、東魏と西魏、北斉と北周でその問題への対応はだいぶ違ってきております。東魏、北斉はたしかに鎮民といいますか、その数は多いです。何十万といたと思います。しかしその鎮民の中から皇帝が出てきますね。その皇帝が自分の権威や自分の権力を確立していくために彼らをどうしたかというと、鎮民ではない、当時の漢族の門閥階級を自分のブレーンにしたんです。門閥貴族の方も地位を保つために一生懸命になって皇帝権力を支えたという、ぜんぜん違った要素がくっついてしまうんです。ということは、おそらく東魏北斉では門閥主義否定の力というのは弱かったと考えられる。なんべんもそれに対する抵抗が、宮廷のクーデターなんかを通して行なわれているけど、失敗してしまう。

西魏北周の方はどうかといいますと、あの地域には門閥貴族はそんなにたくさんはいないということもあるかもしれませんが、先ほどもいいました身分の水平化というそういう路線を徹底的にとっていくわけです。身分の水平化路線をどういう形で国家体制にしていくかといいますと、イメージだけですけど、主権者を中心にした支配層に、かつての遊牧時代の体制を持ち込むんですね。たとえば北魏の孝文帝のときに胡族風の名前を漢族風の一字の姓にしてしまった。先ほどいった複姓みたいなものを単姓にしてしまった。西魏はそれをもういっぺん複姓に変えるという、そういう胡族のいにしえに帰すという政策もやっておりますし、もうひとつおもしろいことに、北周という国名からわかりますように周は中国のずっと古い時代の周ですね。その周の時代にはまだ門閥的な身分制度はないとされている。そういう時代の体制をとってくる。この両方の政策がだぶってますけど、そういう国家作りをしております。西魏の事実上の主権者の宇文泰という人の片腕になった蘇綽《そしゃく》という漢族出身の官僚が「六条詔書《りくじょうしょうしょ》」という詔の文章を起草したんですね。「六条詔書」というのは、聖徳太子の「憲法十七条」の元になったという説がありますが、どうもそうではなさそうなんですけれども、その中に役人をどういうふうにして採用するかということが書いてあります。地方長官が役人を採用するときに、家柄にばかり固執してはいけない。やはり才能のある人物であるならば、どんなに身分の低い人たちでも抜擢して、そしてそれ相当の地位につける必要があるというふうに、そこで身分水平化の路線を打ち出しているんです。

そういうふうに西魏北周ではやはり門閥制度を抑え、そして六鎮の乱の精神をずっと受け継いで、国家体制にしていこうという傾向が非常に強いと考えざるを得ません。それが身分を越えた団結、種族を越えた団結を作り出していくわけです。種族問題と身分問題というのは、実は重なり合う関係にあり、漢族の外側にある胡族というのは身分が低いわけです。このように種族的な区別は身分制に関わってきます。だからそういう人たちも受け入れて、打って一丸とする体制をとるには、身分の水平化ということをやらなければなりません。そういう関係に基づくわけです。

質問　その中で北周時代に胡姓に戻したということは、鮮卑族の意識を強めたというふうに思われるんですけど、それと身分の水平化という話はちょっと矛盾するような感じがするんですが。

谷川　どうして矛盾しますか。むしろ逆におたずねしたいんですが。

質問　身分的に鮮卑人であることが、たとえば苗字が漢字二文字であれば差別的に見られるとか、そういうことが起こるとすれば、水平化とか融合とかいうことでいうと、姓も漢字一文字でいった方がそういうことになるのではないかと思ったんですけど。

谷川　当時の身分というものはどこからきているかというと、家柄からきています。一番の問題は漢族の家柄主義、門閥主義なんです。胡姓の復活はむしろそれのアンチテーゼになるわけです。胡姓に復活した場合に身分制度ができなかったかといえば、それはある程度できた。なぜかというと、彼らの数からいってもあるいは文化の程度というものからいっても、漢族社会を抑えることはたいへん難しいんです。府兵制の二十四軍の構造に見られるように、胡族出身者は上の方に軍事的にはのっかっていますけど、支配層としての権威というものをどこかに作らなくてはいけない。その権威を作るときに、やはり自分たちにはかつての遊牧社会にいたときの伝統があるんだということで、胡姓を復活する。そのことによってお互いの、胡族出身者の結束を高めていく。そういう支配層としての地位を確立しないと、やはり漢族の社会の真っ只中で政権を維持することは非常に難しいんじゃないかと思うんですね。このようにして、胡族の権威を高めて、漢族の門閥主義に対抗しようとした。だけれどもそれは一時的なことです。すぐ後でそれは消えていくわけです。一時そういうことがあったということです。

質問　さっきの胡漢の融合についてなんですけど、先ほどからずっといわれていたのは基本的には支配階級での胡漢融合だと思うんです。そういうのはたくさん研究も出ていますけど、どうも僕がわからないのは、基層レベルでの胡漢融合、鎮民の部族共同体と郷兵の地域共同体、それらの関わり方というか、基礎レベルではどういう胡漢融合があったのかというのがわからないと思っていたんですけど、そのへんはどうお考えですか。

谷川　胡漢融合というのはいろんなレベルで考えられる。たとえば政治支配層がいろんな局面で渾然一体となっていくということ。それから一番基層の社会で胡族と漢族とが交じりあっていくというようなこと。いろんなレベルで考えられるわけですが、私が主として隋唐帝国というものを考えていくときに問題にしたのは、隋唐帝国という帝国ですから、どのような支配者集団がそこに出現して国を治めていくかという問題です。これを考えていくときに、今いった胡漢融合の問題が考えられるということです。民衆レベルではどうであろうかということがあると思いますが、これは実際に生活面でそういう融合がなされたかどうか、これははっきりしたことはわかりません。しかし中国社会の内部に胡族の集団が入ってくるときに、生活的にはどうしても中国化していく。それは当然考えられる。

もうひとつ今日申しあげました軍隊の場合はどうなのかということなんですが、これははっきりとした証明ができないんですけれども、先ほど申しあげましたように、胡族の社会では、部族共同体のメンバーは成年男子であるならばすべて兵士であるという原則があるわけです。言葉をかえて言いますと、兵士は自由民である。兵士は自分たちの自由のために闘うんだ、ということになるわけです。その原則が、この中国における大きな動乱の過程で、中国の漢族の民衆あるいは豪族にもおそらく大きく影響していくんじゃないかと思う。つまり胡族のそういう力がむしろ漢族の人たちをひっぱっていって、けっして兵士になることはマイナスではないんだということになる。漢族の場合は、それまでの中国社会では、兵士は往々にして賤民視されていたんです。ところが胡族の支配者の下で生きていくわけですから、そういう観念が払拭されて、そういう原則みたいなもの、そういう精神のようなもの、これが漢族社会にも影響して、国家の軍隊の名誉ある一員となっていくという、そういう風潮が生まれたのではないか。これは証明してみろといわれてもなかなか証明できないんですが、まずそういうことを考えてみる必要があるのではないかと思っています。これは胡漢融合ではないけれども、社会の風潮における胡漢の融合ではあるわけです。お答えできるのはこれぐらいですが。

III

中国中世像をめぐる論戦（第三回）

貴族階級の権威

先回は唐帝国の源流、唐という国家がどのようにして生まれてきたかということをお話したわけですが、そういう勉強をしているうちに、唐帝国の源流をなしている時代、これはいわゆる魏晋南北朝時代ですね。その魏晋南北朝時代の社会がどういう社会であったかということを考えるようになったわけです。下の「三国・晋・南北朝年表」をご覧下さい。三国時代の魏・蜀・呉、それが西晋という統一国家に流れこんでいます。しかしその統一もつかの間のことでして、北中国には五胡といわれる胡族が住みついて、もう少し細かくいうと、五胡が中国の内地に入り込んできたのは、五胡のうちの、鮮卑族を除いた四胡で、すでにずっと前の後漢の時代に入ってきているわけですが、その胡族が独立の動きを見せ、そして鮮卑族も加わっていわゆる五胡十六国の時代がやってくるわけです。西晋は滅亡して、南方に漢民族の東晋王朝ができ、現在の南京に都を置きました。その東晋王朝の後、宋・斉・梁・陳という四つの王朝が興亡していくわけです。この王朝のことを南朝と申します。

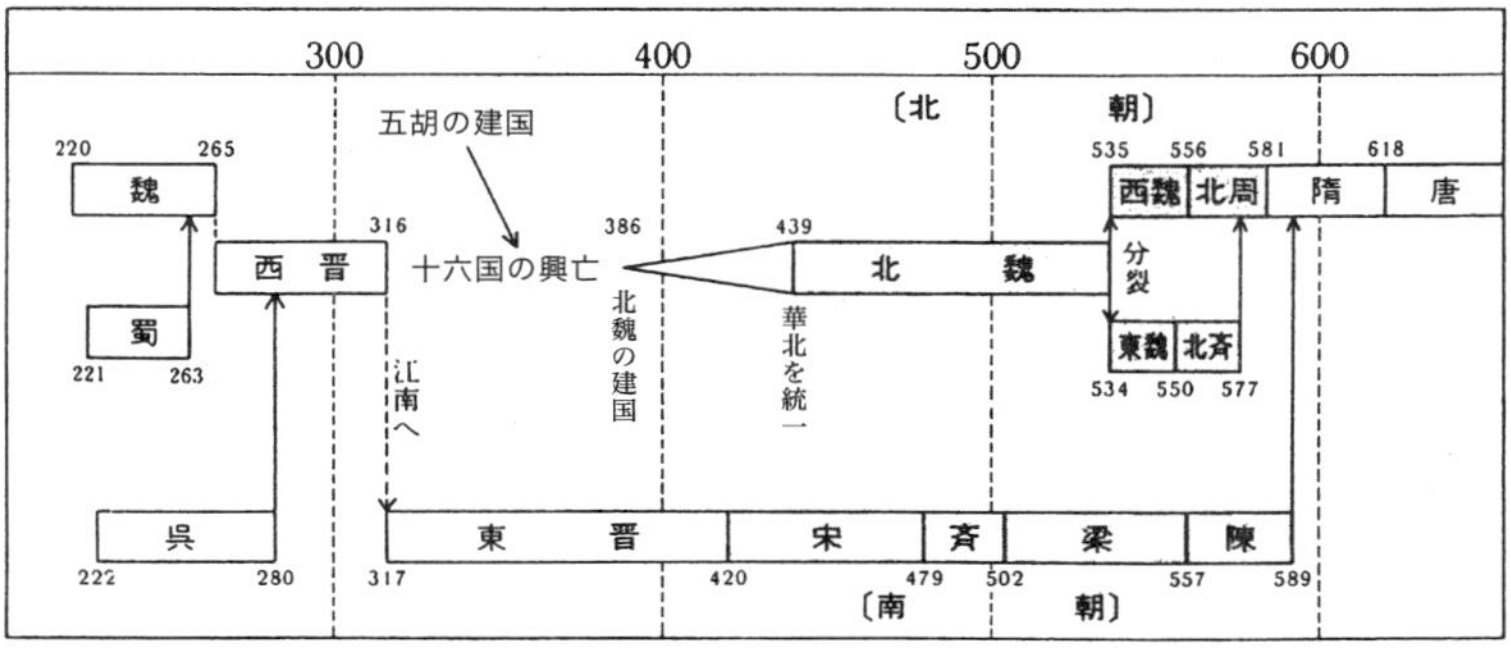

三国・晋・南北朝年表

一方北の方では十六国の興亡の後、それを統一したのが北魏という鮮卑族拓跋部の王朝でした。そして北魏は東西に、西魏＝北周・東魏＝北斉という王朝に分裂して、それがまたひとつにまとまったのが隋であり、隋は陳を滅ぼして中国全土を統一します。それを受け継ぐのが唐であるという、たいへん複雑な政治状況を表わしているわけです。つまり隋が陳を滅ぼした五八九年に、中国はふたたび統一されたわけです。

私は隋唐の統一王朝が、どのようにして成立したかということを考えるために、そういう非常にややこしい時代の歴史を研究しておりましたが、そのめまぐるしい政治過程の根底にある社会は、どういう社会なんだろうかという問題にぶつかっていったわけです。私がどう考えたかということは後で述べることにしまして、この時代は、貴族政治の時代だといわれています。当時は貴族階級が非常に大きな力を持っておりました。特に東晋・南朝ではそうでありましたし、北の方はどうかというと、一応胡族、つまり非漢民族が軍事的、政治的に主導権をにぎってはおりますけれども、その数は少ないわけですし、社会の基本的な部分を押さえているのは漢民族の貴族階級であったわけです。

その貴族階級というものの社会的な基礎はいったいどういうものであったかということですが、まず貴族階級は、九品中正法（九品官人法ともいう）という官吏登用のやり方でわかりますように、官界の要職を独占して政治的に支配階級としての力を発揮してきた。それに貴族階級はたいへんな社会的な権威をもっていて、皇帝といえどもこれを左右できないという状況であったわけです。特に東晋とか、南朝とか、そういう江南の王朝ではそうでした。たとえばこの当時貴族階級と交際できるのはやはり貴族階級に限られている。貴族でない人たち、身分の低い人たちが貴族階級と交際するということは、非常に難しかったのです。貴族と交際できれば、その人もいわば貴族の仲間入りをするということになるわけですから、彼らはぜひ自分も貴族階級と交際したいと考えていました。それで皇帝にたいへん寵愛されている成り上りの官僚が、貴族階級とつき合うことができるようにしてくださいと皇帝にお願いしましたが、皇帝はそういうことは自分にもできないと言って断ったという話があります。そのように彼ら貴族階級の権威というものは非常に高かったのです。たとえ落ちぶれておっても、貴族は貴族であったわけです。

こういう階級は、当時の文化の担い手でもありました。一番いい例は書の名手として現代まで伝えられている王羲之《おうぎし》という人で、この人は、琅邪《ろうや》郡出身の王氏という、この時代のトップクラスの貴族の一人でありました。その他にいろいろな例が考えられるわけですけれど、詩だとか画だとか、あるいは儒学だとか、いろいろな方面に貴族が優れた文化的な作品や学問を創造しています。そういうお話は時間が足りないのでこのくらいにしておきますが、そのようにこの時代は、貴族階級でなければ人にあらずといったような、そういう時代であったということです。

貴族階級の社会的基礎

それでは貴族階級のそういう大きな力はどこから来たのだろうか。それを社会的に考えたらどうなのだろうかということで、戦後いろんな考え方が出されたわけですが、それを大きく(イ)大土地所有説、(ロ)寄生官僚説の二つの見方にまとめることができます。

まず(イ)の大土地所有説ですけれども、ご存じのように漢代あたりから、中国には大土地所有つまり荘園が非常に発達しました。この時代もひき続き大土地所有が行なわれているわけです。貴族階級も当然いろいろと荘園を持っていることが多いようです。ですからそういう点で当時の貴族階級とは大土地所有者である、荘園主であるという、こういう考え方がありました。では大土地所有の内部では、どういう経営がなされていたんだろうか。そうした土地を耕作している生産者はどういう人たちなんだろうかということについては、これがさらに二つの説に分かれています。ひとつの説では、奴婢が主要な働き手であるというのです。奴婢というのは、おそらく異論があると思いますが、ここでは一応奴隷というふうに言っておきます。奴隷というのは家族が持てない。事実上は持っているかもしれないけれど、法的には家族として認められていない。やはり主人の生殺与奪の下にある。それからもうひとつの説は佃客《でんきゃく》説です。佃客というのは小作人のことなんですが、単なる小作人ではなくて身分の低い、一種の農奴だというわけです。これは家族生活は一応認められております。それで収穫したものの何割か、五割とか六割とかを地主に納める。こういう人たちが主要な働き手ではなかったんだろうかという説です。奴婢説はだいたい東京の学者に多くて、佃客説は京都の学者に多い。

戦後一九七〇年代ぐらいまでは、中国史をどういうふうに時代区分するかということで、時代区分論争というのが非常に活発に行なわれたのですが、その中国史全体の時代区分論争の一環として、この魏晋南北朝時代は古代なのか中世なのか、魏晋南北朝時代から唐までずっと古代社会が引き続いている、いや古代は秦漢時代までであって、その次の魏晋南北朝や隋唐時代は中世であるという、こういう古代か中世かという論争が活発に行なわれたわけです。古代説は、今申しました奴婢説の方になります。ヨーロッパなんかでも奴隷が盛んに使われるのが古代ですから。こういう非常に活発な時代区分論争がありました。

もうひとつ、(ロ)の寄生官僚説の方ですけれども、(イ)の大土地所有説とは非常に違った見方が出てきた。それによると、当時の貴族階級の力の基礎は彼らが官僚であるところにある。実際上貴族階級の大部分は官僚として朝廷に仕えているわけです。ですからその形を見て貴族は官僚として力があるのだと考えるのです。官僚というのは、皇帝の臣下ですから彼らは皇帝権力に寄生して力を持っているんだと。皇帝が中国の全体の土地を自分の家産と考えて、そして官僚を用いて行政をやらせる。行政官を養うために家産からあがる収入、それは租税ですね。たとえば隋唐時代ですと租庸調のようなもの。その租税の中から官僚に給付して、彼らを養って行政を行なわせる。したがって貴族は皇帝権力に寄生する官僚だという説が出てまいりました。

しかしながら大土地所有説と寄生官僚説の両方を考えてみますと、どちらも欠点がある。これが私の意見です。えらく簡単に言うなと思われるかもしれませんが、何かを考えていくときにはできるだけ枝葉を払い除けて、幹のところまで裸にしていかないと問題がすっきりしないでしょう。自分の論理というものを立てていくわけですから、そこは少し大胆にやっていきたいと思うんですが、まず大土地所有説についてはどういう欠点があるかというと、貴族というのは前に申しましたように、いろいろと多面的な性格を持っている。そういう貴族をただ単に地主とだけ考えてしまっては、全面的に貴族階級というものの歴史的な在り方を説明できないと私は考えます。その他にもいろいろ理由はありますが、一応そのように申しあげておきます。それから寄生官僚説の方ですが、皇帝に寄生する官僚だというのですが、この説にも非常に大きな欠点があります。これでは、先ほど申しました皇帝も左右できない社会的な権威を説明できない。貴族というのは階級として自立しているわけです。そういう階級をただ単に皇帝に寄生して皇帝から給料をもらって生活しているから力が強いんだというようなことはまずないと思うわけです。

私の学生時代、あるいは卒業した後も、こういう大土地所有説や寄生官僚説のような議論がずっと学界で行われていました。いろんな意見を学んで、私もそれに関心は持ったんです。いろいろ考えてはいたんですけど、どうも私はこういう形でこの魏晋南北朝の貴族階級を捉えたいとは思わなかった。私はそうは思わないぞ。ちょっと我が強いんですね。しかし学問をやるときには、我がなくてはできませんからね。そこで自分自身の考えを立ててみよう。それをどうやって立てていくかということですが、そう簡単にはいきません。先人の説を簡単に否定してこうだと言うことはなかなかむつかしい。やっぱりそこは一歩引き下がって、もう少し根本的なところから全面的にやってみようというふうに考えました。

最初に申しましたように、私は隋唐帝国という問題を考えながら、魏晋南北朝時代の本質がなんであるか、それには貴族階級というものを分析していかなければいかんというふうに思ってきたんですが、そういう勉強の中で当時の歴史の書物、とくに二十四史、正史ですね、それを自分でいうのもおかしいんですが、かなり丹念に読んでいったわけです。先回のお話で、苦しかったけど楽しかったと申しましたけど、それを丹念に読むことが楽しかった。当時の時代の性格が何か自分にも染み透ってくるような気がしたわけです。その時代の貴族階級がどういう生活をしていたか、どういう生き方をしていたかということを記した史料はそんなにたくさんはありません。当時の正史というものは、だいたいは政治史の書物でして、政治的な事件が一番たくさん書かれている。そして貴族についても彼らがどういう役目についていたか、どういう官僚であったかということがたくさん書かれている。そういうのを見るとたしかに寄生官僚説の方が正しいのかなと思わざるを得ないところがあるのですけれども、しかしそれだけで貴族階級の本質を考えるわけにはいかないわけです。いつも例に引きますけれども、飛行機で空を飛びますと、雲がぶ厚いときには下界はまったく見えないんですが、晴れた日は非常によく見える。ただ雲がきれぎれの薄いときがありますね。そうすると雲に隠れたり、あるいは地上が見えたり。ああ、あそこが海岸だと思ううちにふっと雲に遮られる。もっと行くと、山だ、あ、集落がある、あ、川が流れているというふうに見えますね。史料もそうなんです。読んでいきますと、政治史という雲がずっと覆っているんですが、ときどきちらりちらりとそういう下界が見えるんですね。人間の生活というのが見えるわけです。その雲を通して下の方を見るという、これがまたたいへんおもしろい。そこから私は貴族階級というものの実際の在り方を考えてみたいと思ったわけです。

戦乱と飢餓の時代

ところで、この時代は戦乱と飢餓の時代でありました。その戦乱と飢餓の時代に人々はどう生きたか。飛行機に乗ったようなつもりで上から史料をのぞいていきますと、ちらちらと見えてくる集落があります。それが「塢《う》」と「村《そん》」というものです。「塢」というのは、周辺を土壁などで囲った集落で、この時代よく山頂に作られた。山でも頂上が少し平坦になっている、そういう山がありますね。そういう山に人々は集団で登り、そういうところで避難生活を送った。それから「村」ですけれども、これは先回申しあげました。この時代には集落は都市と農村のふたつに分化していた。漢代には農村というものが独立していなかったが、魏晋南北朝の時代になってきますと、都市に住んでいるとたいへんな被害を受けますから、都市から離れた、これまであまり人が行かなかったところに避難して、そこを集団で開拓して集落を作る。それを「村」とよびました。「塢」と「村」、これは前から、私にとっては京大の恩師や先輩である方々が研究してこられた問題です。それはどういう集落なのだろうか。そういう集団生活の中になにか手がかりがあるのではないかというので、いろいろと史料を探したわけですが、そのふたつの例を書いておきました。自分で少しアレンジしながら書いたものですから、史料の正確な訳ではありません。

塢というものの一例として、西晋時代の郗鑒《ちかん》という貴族についてお話しましょう。彼はきびしい食糧難の時代に知人に招かれてご馳走してもらったのですが、食物をいっぱいほお張って帰ってから吐き出して子供たちに食べさせたとあります。どうやってやるのかわからないけれども、それほどたいへんな時代だったということなんですね。しかしなぜ彼がこんな食糧難の時代に他人にご馳走してもらったか、それだけ人望のある人であったわけです。この人が今の山東省にある嶧《えき》山というところに避難しました。有名な泰山という山の南の方にある山です。彼は郷里の人に食糧をもらっても、それを自分で独り占めにはしない。一族の人に施した。当時山東一帯は匈奴軍の激しい進攻にさらされていた。これは五胡十六国の一番初期の段階ですね。石勒《せきろく》という、のちに後趙という王朝を建てた羯《けつ》族（匈奴系）の首領が山東一帯に襲ってきたのだと思

塢の１例――郗鑒《ちかん》

郗鑒は高平郡（山東省）の人。先祖は漢の大官。西晋末の永嘉の乱で至る所飢饉に襲われた時、かねてから鑒の恩を受けた郷里の人が彼に食料を贈ったが、鑒はそれを割いて一族や同郷の困窮者に施したので、それで多くの者が助かった。そこで彼らは鑒をリーダーに推して、千余家の人びとが挙って嶧山に避難した。当時晋朝は江南に移り（東晋）、山東一帯は匈奴軍のはげしい進攻にさらされた。郗鑒の集団は孤立した中で、野ねずみや岩つばめを食って飢えをしのいだが、集団の結束は固かった。最後はとうとう支え切れず江南に移動したが、この鑒の集団が東晋の国軍となって活躍した。晋の次、宋を建てた劉裕も、この国軍の将校であった。
当時の飢饉の惨状を伝える挿話：郗鑒は人望があつかったので郷里の人が食事に招いた。鑒は、おい達をつれて行こうとしたが、招いた人が言った。「みんな飢えに苦しんでいるのですが、あなたが立派な人なので、お助けしようと思うだけです。それ以上は無理です」そこで鑒は一人で出かけ、食物をいっぱいほお張り、帰ってから吐き出して子どもたちに食べさせたという。（『晋書』67）

いますが、その戦乱を避けて、集団生活を行なうわけですけれど、非常につらい生活の中で、集団は決して壊れない。これはやはり郗鑒の指導性によって、その結束が揺るがなかったと考えられるわけです。しかしとうとう支えきれず江南に移動いたしました。この郗鑒の集団は結束が固いですから、軍事力としてたいへん強いわけです。軍隊というのは結束がなければバラバラで弱いのです。当時東晋王朝というのは、自分の軍隊はあまり持っていなかった。そこへこの郗鑒の集団がやってきまして、鎮江（今の南京の東北東）のあたりにとどまり、北方の侵略に対して当時の都建康（今の南京）を守っていくという、そういう軍隊になりました。その軍隊の中から次の宋王朝の建設者の劉裕が出てきたのです。

貴族と地域社会

もうひとつ、こんどは「村」の例です。この例は時期は北朝の終わり頃ですから、郗鑒の例より少し後になります。この時代の問題は特に飢饉です。つねに食糧難で飢え死の危機に直面していました。このふたつの史料の他にもたくさん例があるんですが、それらを総合しますと、当時の地域社会というのは宗族と郷党で構成されていました。宗族は一族、親族です。郷党は地縁的な同郷関係の人たちです。宗族と郷党は往々にして重なり合う場合があります。一族がその地方一帯にちらばって地域社会を作っている場合には、宗族と郷党はわりあいに重なり合う。その関係はいろいろなんですけれども、そうした地域社会をまとめあげていくのに貴族が強いリーダーシップをとったということが、だいたいこのふたつの史料でおわかりではないかと思います。そしてそのリーダーシップの性格は、これを見ると、決してものすごい政治権力を持っているとか、あるいは軍事力を持っているとかそういうことではないんですね。やっぱりこの郗鑒や李士謙のような個人の人格の徳というものが中心になっているということがおわかりだと思います。その徳というのはどういうことかというと、私を抑えて公のために尽くす、いわば自分の利益を抑えてみんなのために尽くすということ、軽財重義《けいざいちょうぎ》という言葉が当時よく使われていますが、財を軽んじて義を重んずる、そういう人格なんです。そういう人格が人々に大きな信頼感を与え、民衆はこういう人を中心にして、非常に苦しい戦乱や飢餓の時代を団結して生き抜いたということなんですね。李士謙の例では、郷党の人たちが自分の子どもや孫の身体を撫でながら、これは李士謙さんが我々をこうやって救ってくれたから、こういう子どもができて、我々の家は続いていくんだという、彼の行為に対する非常な感謝の気持ちが表われています。

そういうリーダーシップの性格は、そういう徳のある人格によって地域社会が統合されているということがまずは考えられるのではないか。そして具体的にどういう点でリーダーシップを発揮したかというと、人々の飢餓を救うとか、あるいは敵がきたときに中心になって防衛して自衛するとか、あ

村の１例——李士謙《りしけん》

李士謙は趙郡（河北省）の貴族。均田制の立案者李安世の孫に当るという。親孝行で知られ、仏教信仰が篤かった。一度官に就いただけで、終生郷里に隠栖して、地域社会の指導者をつとめた。家は裕福で奴隷などもたくさんいたが、倹約で施しに努めた。兄弟が分家するとき財産争いをすると、士謙は少ない方へ資産を足してやって仲直りさせた。自家の穀物を郷民に貸しつけていたが、凶作のために返済できないことがあった。皆が来てわびると、士謙は「余った穀物です。それでもうけようとは思いません」といって借用証書を焼き捨てて帳消しにした。大飢饉で大量の死者が出たとき、士謙はありったけの物資を出してお粥を作って救済した。それで助かった者は何万という数に上った。また、散らばった餓死者の骨を残らず拾って埋葬してやった。趙郡の農民たちはこれを徳として、その子や孫のからだを撫でては、「これは李士謙どののお蔭じゃ」と言ったものである。士謙は隋の開皇８年に亡くなった。趙郡の士女はそれを聞いて涙を流さない者はなく、会葬者は１万人を超えたという。（『隋書』77）

るいは農業生産を指導するとか、あるいは李士謙のところにありましたように、紛争の調停をする。中国の兄弟は分家するときは完全に財産を均一に分ける、均分するんです。日本でしたら長男がたくさんとるとかいうことがあるかもしれませんが、中国ではみな均分なんです。そういうときに兄さんが余計とったとか弟がたくさんとったとか、つまらないことでいざこざが起こる。それをこの李士謙という人は、自分で財産を出して、お前は少ないと思うのならこれを持っていきなさいといって分けてやるという、たいへん人格的な、たいへん徳の高い人で、そういうことで調停していく。単なる裁判とか法律とかいうのではありません。

それから教育。教育もやはり人々の精神世界を形成していく力です。この李士謙の場合には、みんなが飢饉にあって、そこに飢え死にした人の白骨が散らばっているのを見て、彼はそれを拾って埋葬した。あちこちに骨が散らばっているような社会というのは、ほんとに気持ちのすさんだ社会でもあるわけです。それを埋葬してやるということによって、人々の心を安らかにしていく。この李士謙という人は宗教心の篤い人ですが、そういうような考えがあったんだろうと思います。国家でいうと軍事とか生産とか、あるいは裁判とか、あるいは社会事業とか、あるいは教育とか、国家行政で行なわれるべきあらゆる面を、彼らは地域社会の中心的な指導者として行なっていたということがわかります。

こうした地域に生きる貴族階級というものは、政治的にはどう関わったのだろうか。九品中正法（九品官人法）という制度が当時あって、それによって人材を官僚にとりたてたということは、みなさんよくご存じだと思いますが、その人材をとりたてるときにどういうふうにやるかというと、まずこの人は役人になる資格があるかということを決めるわけです。その資格はどうやって決めるかというと、中正官が地方ごとに任命されていて、その地方の人物に対して評価を与える。地域社会には日頃、あの人はいい人間だとか悪い人間だとか、たいしたことないとか、いやすばらしいとか、ほんとに頭が下がるとかいろんな評価があります。そういう評価、これを郷評といいますが、この郷評を調査してその人の人物を、いろんな才能も含めて評定をし、ランク付けをいたします。このランク付けによってその人に官吏になる資格を与える。そして中央政府の人事担当官が、その資格にもとづいて官職につけるわけです。だから九品中正法というものの一番根底には、郷評、つまり彼らに対する郷里における人物評価が非常に大きなファクターになっていることがわかります。そして彼らは中央官にもなりますが、またたいへん大事なことは、地方行政と地域社会の調和にもあたります。つまり地方長官として派遣された人たちは、その地方の行政をスムーズに行なうために、そういう人たちを地方官に招きます。いわば自分の属官として、部下として招くわけです。部下というけれども、礼を尽くして、どうか私のためにこの地域を治める仕事を手伝ってくださいといって招聘するわけです。これが地方行政と地域社会との調和を保っていくことに大きな役割を果たしていました。私が捉えた当時の貴族階級とはそういうものでありました。そういう貴族理解を通して、私はこの時代の時代像というものを考えていったわけです。

新しい中世像

中国史には封建社会というものが存在したのだろうか。議論がまた一般的になりますが、だいたい中国の歴史の中で封建社会というものがあったのかどうか。これは大問題なんです。えっと思われるかもしれませんが、あったという肯定論では、古い時代の周に封建制というのがあったじゃないか。周の王が自分の一族を諸侯に封建して、その諸侯がまた自分の分家の人を封建して土地を与えるというのが周の時代の制度ですね。周に封建制があるから封建制はあるのだという人があります。中国の研究者の中にはそういう考え方がかなり強いようです。

しかしこれは世界史を勉強された方はよくご存じのように、この時代の社会は部族制といいますか、まだ古代のたいへん血縁的な社会が基礎になっていて、つまり封建といっても本家と分家の関係、本家が分家を封建するというような関係なんです。ですからたいていの教科書に書いてあるんですが、これはヨーロッパのフューダリズムとは別物である。それはそうだと思うんです。なぜ封建とフューダリズムつまりヨーロッパの封建制とが混同されがちなのかというと、封建とは古代の中国にできた言葉ですが、明治時代の日本でヨーロッパのフューダリズムというものを翻訳するときにかたちが似ているからということで封建という言葉を使った。それが近代中国でも行われた。それから封建封建といってもどちらの封建かということになってたいへんややこしくなった。

それから大土地所有ですね、魏晋南北朝、あるいは宋代以後も、佃客制や佃戸制というような制度が行なわれました。だからこういう大土地所有があるから封建制があったんではないかという考え方もこれまで学界にありました。しかし中国での大土地所有制というのは領主制ではありません。ヨーロッパの封建領主制では、封建領主は自分の領有している領地に対して行政権を持っています。また裁判権も持っています。しかし中国の大土地所有者はそういうものは持っていません。行政とか裁判とかというのは全部国家がやったわけです。だからこれも封建制とは言いがたい。

そうなりますと、中国には封建社会というものはないんだということになり、否定論が出てきます。中国はもともと専制君主があり、その専制君主が自分の手足として官僚を使って、そして官僚が人民を支配しているんだというような図式が描かれる。君主と人民のあいだに封建領主のような、中間に介在するような人たちはいない。それはいわば専制主義なのだと。ヨーロッパの封建領主は王に対してかなり自立性を持っているわけです。自分の領地を持っていますから。これに比べてアジアにはないのだという、いわゆるアジア的専制主義の考え方で中国を見ようという見方です。ヨーロッパ史はいわば自由の歴史だけれども、アジアの歴史は専制主義の歴史だ。中国もそのひとつなんだという考え方が出てくる。封建社会が存在したかどうかという問題はそういう問題になってくるんです。このへんはちょっと難しいかもしれませんが、だいたいのところを自分の感じで受け取っておいていただければありがたいと思います。

なぜ私がそういう難しい議論を紹介したかと申しますと、次のことに繋げたかったからです。私は非封建的中世という言葉を使っています。勝手にそんな言葉を使っていいのかとおっしゃるかもしれませんが、まあ言葉というのはきちんとした根拠があれば自由に使ったらいいと思います。その非封建的中世の特徴ですが、魏晋南北朝の社会は土地の領有によらない。しかしながら、では完全に専制君主—官僚—人民という図式なのかというとそれは違う。特定の個人とその家族の指導による地域社会の統合。先ほど申しました、あの貴族階級の地域統合が機能しています。これが魏晋南北朝社会の大きな特徴ではないかと思うんです。87頁の図をみて下さい。ＡＢＣＤとあります。先ほどの図式からいいますと、皇帝—官僚—人民の図式はAになりますね。皇帝がいて、中央官僚がいて、そして地方官を派遣して、州・郡・県の民を治めている。(漢代は郡・県。それから魏晋南北朝の州・郡・県となり、隋のときからまた変わって二級制になります。州・県あるいは郡・県と二級制になって、唐でも同じです。)魏晋南北朝でも建て前としてはこういう形をとっているんです。しかしその裏側を見てみますとBが出てくる。貴族、これは中央官にもなるし、地方官にもなる。国家が直接に支配している州・郡・県の民は貴族が影響力を持っている地域民でもありますね。貴族は一方でだいたい土地を持っていますから、奴婢とか佃客、どちらが主要な労働力かということは一応抜きにしまして、直接的な耕作者としてこういう人たちを蓄えている。これはCですね。

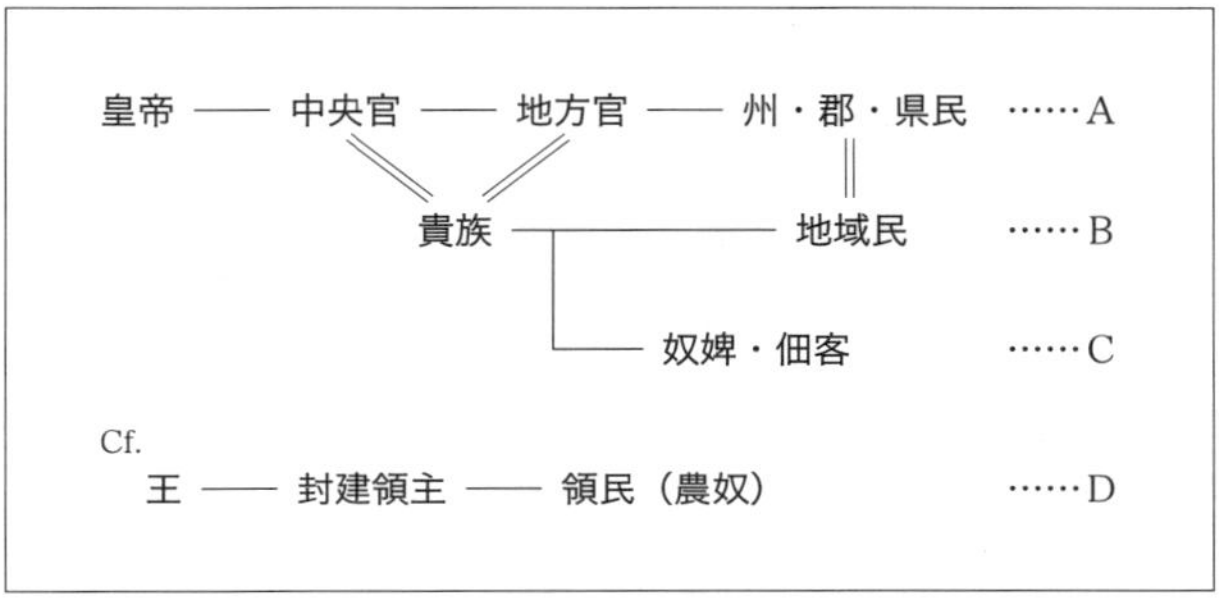

一番最初に貴族階級を理解するのに大土地所有説と寄生官僚説の二つの説があると申しました。私はそれだけでは不十分であると申しましたが、それらの考え方もこの中には部分的に含まれていますね。一番上のAは寄生官僚説、それからCの方は大土地所有説の根拠になり得るものです。しかしながら私が特に強調してきたのはBなんです。貴族階級、違った言葉を使えば、地方の名望家ですが、地方の名望家が地域民を掌握している。地域民は経営的には自立している自由民です。しかし彼らの生活は貴族によって保護されています。そういうリーダーシップをもっているということが貴族が官僚になっていく道でもあるわけです。地域民の貴族に対する評価が官僚になる資格をきめることになるのですから。貴族が地域民をいろいろ救済するときに、奴婢や佃客の働きによる大土地所有の収穫を彼らに施す。あるいはまた敵が攻めてきたときに、人びとは防衛しますが、奴婢・佃客は貴族の

直属の部隊になるわけです。

そういう形でこのＡＢＣは、お互いに助け合って、ひとつの政治的社会的構造をなしている。これが中国中世の姿です。それと比較してＤはヨーロッパの中世。こんなに簡単に書かれてはたまらんという西洋史出身の方もいらっしゃるかと思いますが、この場合簡単にしておいた方がはっきりしますから簡単に書いたんです。だから魏晋南北朝では、官僚政治の裏側にこういう地域社会の人間関係が貼りついていると考えていいのではないかと思うわけです。これが私のいう新しい中世像であり、非封建的な中世です。そしてこういう構造が漢代にもあったかというと、漢代にはなかった。漢代を図式化すれば大体Ａでありま す。隋唐時代はどうかといいますと、隋唐時代はＢの構造がはっきりしなくなってきます。これはＢがＡの中に吸収されていったのだと私は考えています。そのあたりの問題は学問的にたいへん大事な問題です。貴族社会は秦漢の中央集権制の中から形成され、隋唐の中央集権制の中に溶け込んでいく。その中間のすがたがＡＢＣの複合形です。この表からどういうことが言えるかというと、中国社会も発展していっているんだということです。

しかしながらその発展はヨーロッパを図式として捉えることのできるものでなくて、中国独特の仕方で発展していくのだということです。この場合何が独特なのか。ちょっと結論めいてまいりますが、先ほど申しましたように、特定の個人・家族の持っている道徳性によって、そういう人格によって、地域の人々が統合されていくということ、すなわち徳によって統合されていくということです。もちろんそういう人間ばかりじゃありません。自分の利益しか考えない悪いやつもいる。しかしそういう場合には郷里の人たちは彼に対して悪い感情を持ち、彼のいうことをきかない。そうなってくると地域社会の団結も弱まり、こういう戦乱と飢餓の時代には貴族自身の生活も守れないわけですね。ですから戦乱と飢餓というものを生き抜くためには、まったく逆のことみたいですが道徳というものが必要になる。

つまり戦乱とは何かというと、人間同士の共生関係が壊れたということですね。それから飢餓というのは人間と自然との共生関係が壊れること。人間が自然から食べるものを得ることができなくなったということなんですね。そういう共生関係、人と人、人と自然の共生関係が壊されたときに、それを修復して、そこの中で生きていくためには何が必要でしょうか。土地でしょうか、土地所有権でしょうか。あるいは官僚としての行政権でしょうか。そんなものはそういう時代には何の役にも立たない。人々が一番頼れるものは人間の人格です。そういう極限的な状況のもとで一番頼りになるのは人間だと私は思うんです。あの阪神大震災のときも、今までほとんどそういう関係がなかったのに、あの時はみなさんが一緒に共同していろいろおやりになったわけですが、そういうものが一番大事だと私は思う。そういうものの中心になって指導性を発揮したのが、当時の地域に根ざした貴族階級であると、こういうふうに私は考えています。

批判とその思想的背景

魏晋南北朝の最も困難な社会状況の下で、一番根本的で、しかも現実的に生きる方法はこういう仕方で生きるということであったと、私は考えています。ところが一九七〇年代からそういう考え方に対していろいろ批判が出てきたんですね。批判意見のひとつは社会統合の力として精神性あるいは倫理性を、谷川は強調しすぎているというわけです。それから私は共同体という言葉を使ったんですが、つまり貴族を中心としてみんなが共生する地域共同体ですね。批判意見の二つめは、その共同体関係よりも階級関係の方が重要だというのです。つまり貴族と民衆という対立的な階級関係を軽視しているというわけです。そういう意見がたいへんたくさん出てきました。そういう意見を見ますと、かつて私が五十五年頃までもっていた考えが学界では十五年後の七〇年代になってもまだこういう感じ方で主流を占めているのだなと思いました。

そういう批判意見がどこから出てくるかということですが、やはり〝唯物史観〟から来ています。これはカッコつきの唯物史観で、ほんとうの唯物史観はそんなものかなあと私は思います。もしマルクスが生きていたら私の方が正しいと言うんじゃないかと思うんですが、そのいわゆる唯物史観。それと、戦後日本の経済復興と経済成長の時期を経てきたときに、我々の中に何か戦後的な物質主義が、〝唯物史観〟と結びついて、何かモノという尺度で考えなければ歴史が考えられないような考え方が学界の中にもかなり深く根づいてしまったのじゃないかと、そういうふうに思います。今でこそ人間の共生ということが大事な問題になってきておりますが、私がこういう考え方を発表しました高度成長の時期には、私の郷里の熊本県の水俣というところで、すでに公害問題が起っておりました。私は高度成長が生み出すこうしたたいへん困った事態を考えたとき、やっぱり人間と人間の結びつきというのが大事なんだ。それを近代以前にさかのぼって考えなければいけないという考え方を持ちましたが、どういうわけか学界の研究者の方々は、どうもこういう問題に対してあまり関心がない、現在でもあまりないのではないかという気がします。世間では、こんな深刻な事態が問題になっているのに、自分たちの研究している学問というのはいったいそれにどう触れるのか。触れているのかいないのか。どこか意識の中にあるのか。あるいは無意識的にでもそういう問題、国民一般が問題にしているそういう思想的な問題を、研究者としての自分の内面で捉えているのかいないのか。私には残念ながらわからないのです。

先ほど申しましたように、私のこういう考えに対して学界からは批判が起こり、賛成論ももちろんありましたが、どちらかといえば批判的意見がたくさん出されました。批判点は先ほど申したとおりです。それがいかに厳しかったかということを申しあげます。私の大学時代の友人に川勝義雄という人がいて、実はこの人と一緒に一九六〇年頃から共同研究をしてきたわけです。彼は京大の人文科学研究所の教授でガンで亡くなりましたが、ずっと私の親友で、私の研究上の盟友だったわけです。彼も私のこういう共同体論を受け入れて、彼自身も非常にすぐれた魏晋南北朝時代の研究をしました。彼の考え方と私の考え方とが合体して、この中世像ができたといってもいいくらいです。彼は批判者の人たちの論文を批評して、それを「異端審問」だときびしく指弾しています。ご存じのようにヨーロッパのキリスト教世界で、ローマ教会の意見に合致しないキリスト教の考え方は、異端とされて非常に厳しい審問を受けた。場合によっては火あぶりの刑にもなるというような例もあり、破門されたり、いろんな圧迫を受けたわけです。例のガリレオ・ガリレイも、たしか審問を受けたんじゃなかったかと思います。彼は地動説を唱えて、それまでの天動説に対して異端とされたわけです。彼でしたかね、「それでも地球は動く」と言ったのは。私は言いたい、「それでも中国の中世はこんなふうだ」と。

大方の批判の特徴は、私がこうやって中国の資料に拠って論を展開しているその論証過程をまったく無視しているのですね。そしてもっぱら自分たちの思想的政治的立場から批判している。そういう種類の批判であって、ほんとうの学問的批判ではない。そういう批判は今日まで続いているといっていいでしょう。もちろん私の考え方を支持してくださる人たちもあります。

私にとってたいへん大きな激励であったのは、『中国中世社会と共同体』という本を一九七六年に出したんですが、それを私の恩師の宮崎市定先生に献呈しました。宮崎先生は、二十世紀の世界最高の東洋史学者といっても決して過言ではないでしょう。そういう偉い先生に教わった私は不肖の弟子なんですが、この宮崎先生にその本をさしあげましたところ、たいへん筋の通った議論で敬服したというお葉書をいただきました。この言葉をいろいろ考えてみると、宮崎先生は私の説に完全に賛同しておられるわけではないのでしょうが、お前の言っている論旨はたしかに一貫して、説得力がある。そこに感心したというお言葉だろうと思うんですけど、少なくとも、お前はなんということを言うんだ。そんな間違ったことを言ってはいけないというものではなかったことはたしかです。その他京大の教授をなさった二、三の先生方からもたいへん高い評価をいただきました。それから若い方々の中にもこういう考え方を踏まえていろいろ研究をされている人が少なくないわけですから、決して批判だけではない。賛否両論あったと考えたらいいかと思います。

国内外からの反響

それから海外にも多少反響があったようです。海外の反響で最初じゃないかと思うのは、東ドイツのある学者が論文で紹介したものです。それを踏まえて今度はソ連の学者が論評しました。当時はまだ社会主義時代ですから、その二人の批判は、当然批判的な紹介であったと思います。その後ソ連の学者には、日本で二回くらい会いましたが、そのときは私の方が間違っていましたとか言っていました。その頃はソ連のペレストロイカ（改革）がはじまっていまして、社会主義もだいぶ弛んでおりましたから、あまり気を使わなくてもよくなったんじゃないかと思います。しかし自分に都合よく解釈すれば、社会主義圏でこういう考え方を紹介するというのは、やはり批判的な部分もありながら何か関心を持ってくれたためじゃないかと思っております。

そのうちに、現在カリフォルニア大学サンタバーバラ校の教授をしておられるJ・フォーゲルという方が、この本の総論の部分を「Medieval Chinese Society and the Local "Community"」という題で英訳をしてくださった。これはおそらく英語圏の人たちにはよく読まれたのではないかと思っています。フォーゲルさんはかつて京大に留学しておられた方で、我々にたいへん親しい彼の著書は内藤湖南（本名虎次郎）の伝記です。内藤湖南という学者は、秋田県十和田湖の南の出身で、京大の東洋史の創始者であるわけです。この方もすばらしい学者で、滅多に出てこない学者だと思います。私たちはこの河合文化教育研究所で内藤湖南研究会という研究会を作って、湖南先生の思想を研究しているわけです。湖南先生のお弟子さんが宮崎先生で、その不肖の弟子が谷川道雄。そしてその出藍のほまれが今黒板に内藤湖南と書いていただきました井上徳子先生。そういう系統になるわけです。内藤湖南の名前は覚えておいていただきたいと思います。私も内藤湖南の考え方に非常に多くを負って勉強してきたわけです。ともかくフォーゲル氏の翻訳のおかげで海外にもだんだん私の共同体の考えが広がってまいりました。一九八四年には、中国の方々にこの考えを知ってほしいと思って、武者修業のつもりで中国に出かけて、あちこちの大学や研究機関の魏晋南北朝隋唐時代を研究しておられる研究者のところへ行って、講演をしたり討論をしたりして、中国を回ったわけです。韓国や台湾でもこういう話をしました。そういうことで私の考えは海外にも多少は知られてきているように思います。

自慢話をいたしましたついでに最近の情報についてちょっとだけ申しあげて終わりにしたいと思います。私の次兄に谷川雁（本名・巖）という者がおり、詩を書いておりました。今から四年前に亡くなったのですが、十年以上も前だったと思いますが、私にこういうことを申しました。お前の考え方は今の時代にはなかなか理解されないだろうけれど、お前の死後、きりっとした青年が出てきて、取り上げてくれるだろう。そういう、何か予言者めいたことを言っていた覚えがあります。

ところが実は今年になって、私の考えを全面的にとりあげてくださった研究者、青年ではなく、もう六十歳くらいの方だと思いますが、青山学院大学の奥崎裕司教授が本を書いてくださったわけです。題して『中国史から世界史へ—谷川道雄論』。生きている間にこんな論を書かれてどうしようと思うんですが、私の考え方を全面的に支持し紹介してくださった本で、この六月に出たのですが、私もあまりのことにびっくりして恐縮に思っているわけです。さきほど自分の考えを自慢してというふうに申しあげましたけど、実はそうではなくて、奥崎氏が書いておられる一節をちょっと読ませていただければ、私の気持ちがどこにあるかはおわかりいただけるかと思います。

「谷川氏の時代がくるというのは、谷川氏の業績が絶対化される時代がくるということではない。谷川氏が問題にしたことを多くの研究者が自分の問題とし、谷川氏が深めてきたことを多くの研究者が競って深めていく時代がくるということである。したがって谷川氏がどういう問題をどこまで深めたかという検討が必要になる。たとえば私のような試みが、つぎつぎに多くの人によって試みられることになるであろう。」と、こうおっしゃっています。自分自身の学説がどうこうということでなく、私の提起した考え方にもし多少とも意義があるならば、みんなで検討してくださって、そしていろんな形で、反対でもいいから、具体的に深めていただきたいという、そういう気持ちが私には強いということです。

ついでに申しあげますと、中国から『中国史研究動態』という雑誌が出ております。中国史研究の動向を紹介する雑誌で毎月出ておりますね。先日これをパラパラとめくっておりましたら、一つの文章の中で自分の名前が目についたんですね。自分の名前というのは漢字がぴちっと並んでいるところでもすぐ目につくものですね。何が書いてあるのかと思って読んでみましたら、ちょっとおもはゆいのですけど、「欧米の学者は特に日本の学者谷川道雄の共同体の理論を受け入れて、それによって従来の歴史の時代区分の仕方では解釈できなかった歴史の現実を解釈することができると考えている。」ここで「従来の歴史の時代区分の仕方」というのは、いわゆる唯物史観の公式による時代区分を指しているのではないかと思いますが、とにかく、そういうふうに中国の研究者が紹介してくれています。欧米の学者といってもごく少数だろうと思うんですが、そういう人が欧米におられたら私も心強い。とにかく私の研究は緒についたばかりであって、これからもっともっとやっていかなくてはならないのですが、年齢もかなり高齢化しましたし、日暮れて道遠しという気持ちが非常に強いのです。最後は自分の宣伝みたいになってしまってまことに後ろめたいのですが、それは先ほどの奥崎さんが書いておられる、そういう気持ちで申しあげたということは理解していただきたいと思います。

＜質疑応答＞

質問　九品中正法で、豪族が中正官に根回しをするようなことをして、それで豪族が官職に就いたというようなことを聞いたことがあるんですけど、もし郷評だけできちんと選んでいて、それで豪族が高い徳性なり倫理性なりを持っていて、それで独占するようなことになったとしたら、社会的に無力な低い身分の人たちなんかでもそういう優秀な人間がいればきちんと任用されていたと思うのですがどうお考えでしょうか。

谷川　まず根回しの話ですけど、根回しというようなことをやった人がいるかもしれないけれども、そういうことをもしやったら貴族仲間から軽蔑される。つまりあいつは官職を求めたいためにそうした。だいたい黙っていても官吏になる資格は与えてくれるんです。向こうの方からくるんです。だから自分を認めてくれというなら、身分の低い人たちが根回しをしたともいえる。それは貴族とはいえないような人たちかもしれない。だから一般の貴族はそういうことはしない。ただこういうことはあります。貴族同士がお互いに仲間を誉め合っているということはあり得る。それがいわば世論となり、郷論というかたちになって、中正官は、貴族同士が評価し合っている、その評価を基にして査定するということはあり得るわけですね。それは非常に多かったと私は思います。それでその地域社会の人たちの、いわば一般の民衆の評価が、そのままストレートに九品中正官のデータになるというふうではなかったんだろうと思います。やっぱりある時期になれば、その地域の貴族同士のお互いの評価というものが一番信頼すべき、拠るべき評価としてとり入れられたのではないかと思います。それを根回しといえば根回しといえるかもしれないけれど、先ほど言ったようなことはあまりなかったと思うんです。その次に言われたのは、地域社会で立派なことができたら、その人は貴族でなくても役人になれるのではないかというようなお話でしたね。たいへんいい質問で問題のあるところをついていると思います。

しかし私はこう思います。地域社会における指導性、リーダーシップというものは当然道徳性を必要とします。しかし道徳というものがどうやって形成されるかということを考えると、やっぱり歴史的に形成されてきて、たとえば儒学の教養があるとか、それからその家柄が昔からそういうことをやってきた家柄であるとか、そういう家の伝統ですね。そういうものが一緒になって民衆の信頼、尊敬を受けているというような、つまりそういう家柄でなければ、単なる一介の庶民が人々をひっぱっていくということはなかなか当時はできなかったと思うんです。そういう意味では家柄というものと郷論というものとは重なり合っています。しかしだんだんそれが乖離していくということもあるわけです。その家が長く続くうちに、立派な官職に自動的に就けるので、そういう家を持続させていく努力もしなければ郷民に対する道徳的な働きかけもしないというようなことがでてくる。そうするとやっぱり民衆はそっぽを向いていくだろうと思うんですね。

そうなると今度は高い家柄でなくても、もっと低い家柄の人たちのなかで、ほんとうに道徳的な指導性を持っている人間が現われると、やはりその人にひっぱられていくということになる。おそらく隋唐時代、あるいはその前の時期あたりには、大きな門閥の家柄ではない、もう少し地域に密着した、家柄としてはそう高くはないけれど、二流くらいかもしれないけれど、そういう人たちが実質的なリーダーシップを握って、民衆をひっぱっていくんじゃないかという想像をしています。まだ十分立証できていないのですが。しかし先回お話しました郷兵は、府兵制ができるときに豪族が民衆を率いて応募したものです。そういう場合の豪族というのは大貴族というよりは、むしろ中小貴族が多いように私は感じます。そういうふうに時代は変わっていくと思います。しかしその構造の本質は変わらないわけですね。

質問　先ほどのお話では、地域共同体の中でのリーダーシップということを強調されましたが、ではその後の宋代の官戸《かんこ》だとか形勢戸《けいせいこ》といわれた人たち、そういった人たちとの大きな相違点というのはどういうものなのかわかりやすく説明して下さい。

谷川　それは学界で大問題になるような問題です。明清時代の地域社会の問題が今から約二十年前に提出されています。明清時代の社会をどう考えるか。七〇年代の中頃までは、私が先に申しましたように、地主制、佃戸制というものが問題の主流で、それが農奴制であるのかどうかというような問題でした。それが七〇年代の終わり頃から少し気流が変わってきた。地域社会とそれをひっぱっていくリーダーとの関係、そういうことで考えていかなければいけないのではないか、それが明清社会を考えていくひとつの大きな鍵になるのではないかということが提案された。提案者は森正夫という、いま愛知県立大学の学長をしている人で、私の名古屋大学時代の同僚です。私が大学卒業後高校の先生をしておりましたときに世界史のクラスにいた人でもあります。そういう因縁浅からざる人なんですが、私が共同体論というものを問題にしてきたのに関連して、森氏もおそらく考えたのでしょう。明清時代の社会を地主とか佃戸とかという地主制度ということだけで考えるのではなく、地域社会全体を誰がリードしていくかという、そういう問題として捉えるべきではないか、そういう提案をいたしました。明清史の研究者たちはわりあいに素直にその問題をとりあげて、その後宗族の研究とか随分行なわれておりますし、郷紳の研究が盛んに行なわれてきております。先ほど紹介しました奥崎氏も郷紳の研究をやってこられた方です。

それでは明清時代の郷紳なら郷紳というものと、魏晋南北朝の貴族とはどう違うかという問題ですね。私はそれをこれからやろうと考えているんです。それを明らかにしないと、中国史は全体として繋がらないわけで、それを考えるのは非常に大事なんです。魏晋南北朝では家柄というものが持っている力は強力です。しかし明清時代になると家柄は問題にならない。むしろ科挙の試験を受けて官僚になったその家はその一代は大きくなりますけれども、しかし学問ができれば誰でも官僚になれるわけです。科挙制度というのは機会均等が原則ですね。ところがこの魏晋南北朝時代は科挙制度ではありません。機会均等ではない。今までの家の伝統というのが大きな力を持つわけです。その家の持つ伝統的な力とは何だろうか。これは今まで研究者があまりやってこなかった問題なんです。それをやらないと私の研究も完全なものにならないんじゃないかと思うのですが、しかし魏晋南北朝と明清とでそういう違いはある。魏晋南北朝では、特定の家が持っているある生来高貴なものがそこにあって、一般の人々と区別されている。先ほど申しました民衆上がりの官僚で皇帝に目をかけられて成り上がった役人が、自分も貴族の仲間入りをしたいと思って貴族を訪問します。客間には榻《とう》という長椅子のようなものがあって、普通ならそこで一緒に座って話をしたりするんですが、そういう人がきたとき、ある貴族は嫌がって、同席を拒否した。その人が帰るとそこらへんをきれいに掃除しろといったという話があります。これは極端な例ですけれども、貴族である人とそうでない人の区別、貴族の中にもランクがありますが、その差別というのは非常に大きいわけです。

ではそれとモラルを持った貴族の指導者とはどう関わるのかということになってくるんですが、それは直接には関わらない。ただ共通点を求めますと、やっぱりその家は特別な家柄、そこに生まれた人間は特別の人間という、そういう意識が当時はあったと思います。ですから民衆は特別な家の人が自分たちを指導してくれるということに対する信頼感が生まれたのではないかと思っています。特別な家、特別な人格、特別という言葉はいろいろな内容を持っています。その家柄が特別で普通の人とは違う。それから自分の思想も、世俗の瑣末なことには目もくれない。もっと高尚なことを考える。そこにはやはり自分が普通の人間とは違うという意識もあるのでしょう。

それと同時に先ほど申しました軽財重義、目先の利益というものよりも義、モラルということが大事なんだと考える、それも特別な人間でないとできない。『論語』の中に孔子が「君子は義に喩《さと》り、小人は利に喩る」と言ったとあります。義というものに鋭敏に心を動かすのが君子だと。君子というのは指導階級です。それから小人すなわち民というのは目先の利益にこだわり、ちょっとしたことでも損をしたくないと思う。そういうものに目をくれないのが君子であり、貴族の中にもそういう精神がある。自分たちは伝統的にそういう家柄の出身だから、そんな小さな目先のことには目もくれないのだと。そういう気持ちが社会に作用したときには、先ほど申しましたような、ああいう地域社会のリーダーシップになっていった。それがなければああいうふうにはならない。その精神が家柄というものと貼りついているというところが魏晋南北朝時代の特徴ですね。後の時代には家柄というのはあまり大きな要素にはならない。宋代の官戸や形勢戸もそうです。モラルは専ら個人のモラルです。そういう説明しかできませんけれども。後ほどまたそういうお話になるかもしれません。

質問　関連することですが、先生がお使いになっている言葉の中で、豪族と貴族はどうちがうのか、貴族は豪族の中から出てきたのかどうかということがちょっと頭の中にあるのですが、そのへんについてお教えいただければと思います。

谷川　おっしゃるとおりだと思います。豪族というのは漢代から出てきている有力者、大土地所有とかいろんなかたちで力を持ってきた勢力で、族といっているから個人ではなくてやっぱり家族の力なのですが、そういう豪族層が漢代の社会の中から盛んに出てまいりました。そういう人たちが社会の基盤になって、政治権力と結びつき何代も官僚となって支配層になる。そうして洗練された支配階級になっていくわけです。それでは洗練されない豪族というものはこの時代にいたかといえば、それはいたと思います。しかし全体をリードしていっているのは、洗練されて官僚になったり、それから文化的にも高い教養を持ったりしている、そういう人たちを貴族というわけです。貴族階級は豪族階級という大きな基盤の中に生まれたと考えていいと私は思っております。豪族といったり貴族といったり、これはまぎらわしいんです。豪族共同体という言葉は、私が考えついたのではなくて、誰かがつけたんですね。ちょっと困ってるんですけど、中味さえきちんとしていればまあいいじゃないかと思っています。豪族というのは広い社会層についていうもので、貴族はその中で洗練された支配層として魏晋南北朝時代に出てきた階層だと考えたらよいと思います。だから一般の豪族層は家柄の高い貴族階級としてランクされることを強く望んでいるわけです。

Ⅳ　二十一世紀への示唆（第四回）

ほんとうの世界史

これで最終回となりますが、これまでお話しました歴史理解の観点を、抽象的ですけれども総括してみると、大体三つ位にまとめることができるのではないかと思います。第一に先入観を排して歴史の内面に立ち向かう。第二に歴史事象を成立させている人間的な理由を考える。第三に中国にはヨーロッパ・日本と異なる独自性があるがそこにも人間生活の普遍的な道理がある。まず最初は先入観を排し、固定観念をとりはらって、そして歴史の内部に立ち向かうということですが、当たり前のことだと思われるかもしれませんけれども、こういう考え方になったのは、「I　生きた人間の歴史とは何か」でお話しました、私の若い時代の研究の姿勢と、またそれに対する反省から来ているわけで、それを思い出していただければお分かりいただけるかと思います。

それからその次は、その立ち向かい方なんですが、いろんな歴史事象を成立させているその理由を考える。その際、その理由をあれこれと技術的に考えるのではなくて、その時代の人々がなぜそういう現象を生んだのかという、そういう人間的な理由を考えていきたい。

そしてそれが第三の問題に繋がるわけです。ヨーロッパにはヨーロッパの歴史があり、日本にも日本の歴史があります。ヨーロッパと日本は非常に違った社会ですが、またある意味では、たとえば封建制というような点では何か似たところもあるわけです。しかし中国はまた非常に違っている。そういう異なる独自性というものがありますけれど、それは何か正統なものに対する変種という考え方ではなくて、その独自なものの中に人間がそこで生きていたという、一種の普遍性をもった動機ですね、そういうものがあって、中国の歴史の独自性が作り出されている。こういうふうに考えなければほんとうの世界史というものは生まれてこないのではないかと私は考えてまいりまして、先回でもそれに触れたお話をいたしました。これは当たり前のことなんですね。当たり前のことを今さらなぜ言うのかとお考えになるかもしれませんが、こういう考え方は歴史の研究だけではなくて、私たちの生活のいろんなところにも見ることができるのではないかと思っています。

たとえば教師が生徒を指導する場合、何か生徒に対する先入観があったら、その生徒の内面に入っていくことはできないわけですね。たとえばその生徒に問題があるとすると、その問題のところにだけ目が行って、これは正常でない姿だというふうにまず考えたら、生徒指導はできないわけです。たとえそこに問題があるとしても、その問題を成立させているのはなぜか、そういう問題が起こってくるのはなぜかというような、その本人にとっての人間的な理由というものを考えるということ。その生徒はある意味では歪んでいるかもしれないけれども、そういうところに何か彼の、あるいは彼女の人間として生きている、ああそうかと他人もうなずかせるような何かの道理がやっぱりあるんじゃないかと思うのです。決して悪いことを正当化しようというつもりはないんですけれども、たとえばそうした教育の現場というものを考えてみても、何か同じようなことがいえるのじゃないだろうかという気がしております。

それをまた今日の世界の各国に適用させると、さまざまな国がありますが、私たちとは非常に異質な表われ方をしている国がたくさんあります。そういう場合にもやはりこういうような考え方で捉えていかなければ、ほんとうの世界人と言いますか、つまり人間としてのお付き合いはできないのじゃないか。こんなことは当たり前のことなんですが、私は研究の分野でもそういうふうに考えてきたわけです。研究分野で言いますと実際にはなかなかこういうふうにはいかないんですね。

中国史に一貫するもの

さてそういう考え方でもういっぺん中国史というものを捉えてみるとするならば、どういう捉え方ができるだろうか。それを考えてみます。仮に周が殷を滅ぼした紀元前一〇〇〇年頃から勘定すると中国には三千年の歴史があるわけです。その三千年の歴史に一貫するものが何かないだろうかということを考えてみますと、家族制度があります。その家族が拡大したのが宗族です。宗族自体を家族と呼ぶ場合もあります。ですから宗族は大きな家族、いわば親族組織です。家が分かれてもずっとまだ繋がりを持っている。宗族制度の特徴は、男女差別ということから考えると問題があるかもしれませんが、男系の親族組織です。こういうものが中国史に一貫して存在している。

具体的に見てみますと、周の時代は宗法封建制といわれるような封建制度が行なわれていました。宗というのは、ウかんむりに「示」という字で、ウかんむりは屋根を表わして神殿のようなもの。その下の「示」というのはお祭りをしている形ですが、つまり先祖の祭祀というものを中心に親族組織を作っている。本家と分家の中で、祭祀の中心になるのは本家です。そして分家の人に土地を与えて、そこでまた祀らせるという、そういう封建制が行なわれております。ところが春秋戦国時代という時代を経て、その封建制が崩れ、宗法制が崩れて小さな家族に分解するわけです。小さな家族とはどれくらいかというと、当時の言葉を使うと五口の家、口が五つあるから五人家族ですね。お父さん、お母さん、子ども、子どものひとりがお嫁さんをもらって子どもができる。だいたい五人になりますね。いろんなバリエーションが考えられますけれど、それぐらいの小家族に社会の単位が分解しました。そして百戸くらいの家で「里」というひとつの集落を作っていたわけです。私たちはそれを里共同体というふうに呼び慣わしております。

ところが里共同体の小家族の中から、特定の家族が豪族として成長してくるわけです。魏晋南北朝にはこの豪族層の中から貴族階級が生まれる。貴族たちは自分の一族を統合して、その新しい宗族の力で地域のまとまりを作っていた。これは先回お話しました。隋唐時代になりますと、ここが私が今研究しているところですが、その貴族中心の宗族というのはどうも衰退していくのではないかと思われる。つまり貴族が自分の地域社会から離れていって、そして長安なら長安という首都に集住して、官職を求めていく。そういう傾向が非常に強くなってくる。その他の原因、たとえば均田法が衰え、両税法というような税法が生まれて、郷里で租税をとるのではなくて、現地で租税をとるというようなやり方、つまり現地主義というのが出てきますので、そういうこともあって、貴族中心の宗族結合は衰えていく。隋唐時代から宋代にかけて非常に大きな社会の変化があり、その宋代頃には、貴族階級が衰え、代わって新しく科挙制度を通じて進出してきた官僚層が生まれます。そういう時代になると宗族制がもう一度再建され、かつそれが普及するという現象が生まれてまいりました。

宗族制発展の歴史

たとえば范氏義荘です。范仲淹《はんちゅうえん》という、十世紀の終わりくらいから十一世紀の前半にかけての人ですが、宋代の官僚で宰相を務めた人があります。この人は当時の官僚の政治姿勢を引きしめようと、いわゆる先憂後楽の思想を大いに鼓吹した人物として有名です。先憂後楽とは、為政者たる者は天下の人びとよりも先に国のことを心配し、楽しみは一番後にしなければならないというわけです。「天下の憂いに先んじて憂い、天下の楽しみに遅れて楽しむ」という有名な言葉であります。これは、「岳陽楼記」という、日本人にもよく読まれた范仲淹の文章の中に出てきます。

日本の江戸時代の武士階級もそういう考え方にたいへん共鳴しました。たとえばみなさんよくご存じの東京の後楽園の名はここからきている。水戸藩が江戸屋敷を作ったのが、あの後楽園の前身です。岡山の池田藩の後楽園も同じです。これは明治になってから名前を改めたらしいんですが、要するに後楽の思想、私なんかは先楽後憂の方なんですけど、自分のことはさておいてまず天下のことを考えるという、そういう精神を大いに鼓吹したのが范仲淹という人です。彼の郷里は今の江蘇省の蘇州で、そこに范氏一族がたくさんいたのですが、中に没落する者もいるというので、范仲淹はそれを防ぐために自分のお金を出して土地を買い、そこを人に耕作させて、その収入を一族の人たちに給付しました。没落して困る人が出ないようにと、共有地を持つ宗族共同体を作ったわけです。そしてまた勉強して官僚になれるような人にはどんどん援助して勉強させる。それがまた范氏一族のために大いに役立つわけです。そういう義荘というものを作りました。これがひとつの手本になりまして、他の一族でもそういうものを置いて、一族の団結を固めていったわけです。これが宋代から清朝まで、ずいぶん長い間非常に普及しました。この范氏義荘も実は驚くべきことに民国時代まで続いて、途中でたとえば経理を管理している人がその財産をごまかしたり、いろんなことがあって、崩壊に瀕してしまうようなこともあったらしいんですが、ともかくもそれが継続して、ほとんど九百年間続いているという、驚くべき歴史を持っているわけです。

しかし、一九三〇年頃毛沢東が湖南省で農民運動を指導しておりましたときに、彼はこう主張しました。

農民はいろんな権力に支配されている。たとえば地主の権力であるとか、あるいは政府の権力であるとか軍閥の権力であるとか、いろいろある。その中のひとつに宗族の族長、一族のチーフになっている族長の権力つまり族長権というものがあり、農民たちは族長権にも支配されている。こういう農民を支配している権力を全部打倒してしまわなければならないと、こう主張して、実際に湖南省の農民運動ではそれらの権力と闘争しました。もうひとつつけ加えますと、女性は男性よりひとつ余分な権力に圧迫されている。それは何かというと夫権だと。夫の権力ですね。毛沢東はそう言っています。

それで一九四九年に中華人民共和国ができてから、こういう宗族の制度は抑圧されて発展しなかった。そしてそのかわりに例の人民公社というものができて村落を覆ってしまいますから、中華人民共和国成立以来宗族制というのは崩壊しておったわけです。

ところが鄧小平時代になって社会がある程度自由化されてきますと、また農民たちの間ではこの宗族制を復活させはじめるという現象が起こって現在に至っています。特に南方の華中、華南の方に多いようです。そのように不死鳥のごとく宗族制が中国社会でよみがえっていく。途中で途切れた場合もありますが、しかし全体から見れば三千年の長きにわたって存続しているわけです。台湾などでは中断されることなくずっと続いております。それから世界各国に、華人といわれるような中国系の人たちがたくさん生活している。そういう人たちがまた宗族制のようなものを作っている。普通宗親会と言われているんですが、宗親会を作って、相互協力を図っております。非常に大きな組織になっていっている場合があります。そうなってきますと宗族制というものの厳密さはだんだんなくなって、たとえば王さんなら王さんで、どこの土地の出身の王氏でも、ああ君も王か、ぼくも王だということで、お互いに親族の交わりをするということになってきますと、これはたいへん大きな組織になるわけです。それから王だけでなくて、他の苗字の人も中に入れる。昔、堯とか舜とかえらい聖人がいたとされていますが、我々は堯の子孫だからといって組織を作る。そして相互協力によって、病院を作ったり学校を作ったりするようなケースもあるそうです。

そういうふうに中国の歴史を一貫するものは何かということを考えると、まず頭に浮かぶのは家族制度、それの拡大した形態であるところの宗族制度であるということが言えるわけです。私自身の研究はまだ魏晋南北朝という限定された時代だけに限られておりますけれども、これからこの魏晋南北朝の宗族制というものをひとつの起点にしながら、中国のその前後の時代にまで考察を及ぼしていきたいと考えています。昔の学生運動で、一点突破、全面展開というようなことをよく申しましたけれども、私は魏晋南北朝という一点を突破して、全面展開していきたいという〝野望〟を持っているわけでして、前回までにお話したところと今日の話とがこういうふうに繋がるということをおわかりいただければありがたいと思います。

宗族制度の基本

その宗族制の基本をいくつかあげますと、まずは共通の祖先を祀る。これが一番大事です。普通の宗族ですと、自分の四代前ぐらいまでの先祖が共通の先祖になるわけです。もちろんそれを拡大することもできる。それから族譜の作成。共通の先祖のもとで子孫が繁栄してくる。その子孫の系譜を作って、先ほど申しましたように一族の救済を図る。それから一族の人を教育する。そうしたことの費用を賄うために義荘を設置する。魏晋南北朝時代にも義荘があったかというと、私はこの時代にはこういうものはあまりなかったのではないかと思っています。ではどうしていたのかというと魏晋南北朝時代は貴族が自己の所有地から収穫して貯えた穀物を困窮した人たちに分け施して救済していたのではないかと思います。それが宋代以降になると、みんなで共有の土地を設定して、それで一族を救済するという、そういう制度化が行なわれたと考えていいかと思います。

それから族規の制度です。族規というのは一族の規約です。一族で規約を作る。こういうことが行なわれている。族規にはいろいろありますが、ここでは山東の何《か》という一族の人が作った『訓約十四条』というものについてご紹介をしたいと思います。これは族規の一部分だと思うんですが、何茲全《かじぜん》という方の『中国文化六講』という書物からとりました。何茲全先生は北京師範大学の教授で、現在八十歳を過ぎておられます。漢代・魏晋南北朝時代を専門に研究しておられ、私も若いときからこの先生の研究にはたいへん教えられてきたわけです。この先生は実は戦前に日本にこられて東京で一年留学されておられたのですが、病気になられて国へ帰られました。そしてさらにアメリカに留学されたんですが、そのときにアメリカにはヴィットフォーゲルという有名な中国学者がドイツから亡命しておりました。このヴィットフォーゲルの理論というのはたいへん有名で、中国の社会の特性を水利施設、水利事業というもので理解していこうという理論ですが、そのヴィットフォーゲルのアシスタントを務めたということらしいんです。一九四九年の解放時分に中国に帰ってこられて、現在に至っております。

実はその何茲全先生は近年日本にも来られ、北京の師範大学でもお目にかかりました。その方のご子息が何芳川《かほうせん》先生といわれて、北京大学の歴史学部の教授で、現在は北京大学の副学長をしておられます。何芳川先生は河合文化教育研究所が先年他の先生方と一緒にお招きしたことがあります。それ以来北京大学とわが河合塾とは非常に密接な交流をいろんなかたちでやっているわけです。その何茲全先生が台湾に行かれて中国文化について講演をされました。それが『中国文化六講』という本になっています。その中にこの『訓約十四条』が掲げてあります。

第一条「吾が一族は務めて先祖の訓えに従い、喪葬祭祀を大切にしなければならない。」これが一番最初にあげてあるということは、先ほど申しましたように共通の祖先を祀るということが宗族の基本だからです。喪葬は死者を送って葬る葬礼ですね。祭祀は先祖を祀るということです。以下全部最初に「吾が一族は務めて先祖の訓えに従い」という文句がついており、次は、「父は子どもを慈しみ、子どもは父に親孝行をする、兄は友で弟は恭」つまり兄弟仲良くむつまじく、友というのはこれは手がふたつ、手と手を握ってという姿から友という文字ができました。兄弟が仲むつまじいのが友なんですね。戦前の教育勅語に「兄弟に友に、夫婦相和し、朋友相信じ」という言葉がありましたが、すべて中国の古典に基づいています。次は「守身」、身を慎むということ。次は「立志読書」、志を立てて勉強する。これは将来は科挙の試験を受けて役人になっていくという道に繋がるでしょう。

その次は子弟を教育する。『孝経』や『小学』は子どもが勉強するテキストです。これはやっぱり一族の中でやる。次の「法戒」、これは善い人を見習うのが法、戒は悪い人は見習わないで自分の戒めにすることです。それから婚姻は堅実に。美人だからといって氏素性のわからないところからもらってはいけない。勤倹はわかりますね。それから相続。これは異姓を後継ぎにしない。日本では異姓養子というのがよく行なわれていますが、これは中国の家族制度との非常に大きな違いです。中国の家族制度では、例外もありますけれども、原則として一族の中から、たとえば子どもがなければ、弟の子ども、兄さんの子ども、あるいは従兄の子どもというふうにして同じ姓の者を後継ぎにしていく。それから「夫婦の分」つまり妻は夫よりでしゃばってはいけません。その次は「利欲を遠ざける」「女色賭博に溺れない」「家の守りはしっかりと」「争いを避ける」。一族の人や同じ地域の人につき合うときには、穏やかにつき合いなさい。「人を愛すれば人に愛され、人を敬えば人に敬われる」。こういう訓えを作っているわけです。これがこの一族の守るべき戒めです。これに外れた人間は訓約十四条を暗唱してみろといわれるかもしれません。

族規の１例――山東何氏『訓約十四条』

一、吾が一族は務めて先祖の訓えに従い、
　　喪葬祭祀を大切にしなければならない。

二、　〃　倫理
　　父慈子孝　　兄友弟恭　　夫婦和順

三、　〃　守身（身をつつしむ）

四、　〃　立志読書

五、　〃　教子（子弟の教育）
　　『孝経』　『小学』

六、　〃　法戒（他人を見ならう）

七、　〃　婚姻は堅実に

八、　〃　勤倹

九、　〃　相続
　　異姓をあとつぎにしない

十、　〃　夫婦の分

十一、〃　利欲を遠ざける

十二、〃　女色賭博に溺れない

十三、〃　家の守りはしっかりと

十四、〃　争いを避ける

宗族・郷党につきあう時は、おだやかに。人を愛すれば人に愛せられ、人を敬えば人に敬われる。

（何茲全『中国文化六講』1997）

宗族制度の意義

このように組織されている宗族制度はどういう意味を持っているのか。

家族でありますから、これは非常に自然な人間の繋がりですね。夫婦は男女の性的な結合、これは自然なことであります。それから子どもが生まれ、親子関係が生まれる。子どもが複数になれば兄弟関係がでてくる。基本はそれです。それがいくら広がっても、これは自然性に根ざした組織だといえる。しかしながら家族も宗族も単なる自然的家族ではない。自然のままの家族ではなく、人倫的家族、つまり人間が人間として生きるために作った組織です。『訓約十四条』にありましたように、親子はどうなければならないか、夫婦の関係はどうなければならないか、兄弟はどうあらねばならないのかという、そういう家族のそれぞれの立場、位置に応じた現われ方を規定している。

ヘーゲルという近世ドイツの哲学者がいますが、ヘーゲルは歴史哲学の講義の中で、東洋の社会は自然性に根ざした社会であって、それ以上人倫的にはならない。ヨーロッパの社会は人間が人間として、自然を越えていろんな段階の社会を作って進歩していくのだけれど、東洋はやっぱり自然のままだと、こういうことをいっている。つまり停滞論ですね。しかしヘーゲルの考え方が果たして正しいのかどうか。非常に自然的に見えるけれども自然的なものをそのまま生かしながら、そこに人間の社会組織を作っていく。これが東洋、特に中国という世界の独特なところだと思うんですね。決してヘーゲルのように自然と人倫とを対立させていない。自然の中から人倫を作り出しているということです。

これはあまりにも飛躍した比喩かもしれないけれども、私は中国の、特に近世の山水画というものを見るときいつも考えるのですが、あの書き方は非常にリアルですね。山がそこにあるように、人間がそこを歩いているように、そこに木が生えているように、非常にリアルに書いてある。ではリアリズムかというとそうではない。やっぱりそこに、描いた人の精神がこめられています。つまりあるべき姿、自分はこういうような世界に住みたいという、そういう気持ちが表われて、ああいう山水の構図というのはできているのではないか。そこに、人為というとちょっと語弊がありますが、人間の意志というものが加わって描かれている。しかし素材は自然ですね。そういうふうに自然と人間とがお互いに重なりあって、そしてそれが決して対立していないところに中国文化というものの非常に大きな特色がある。それを日本は中世以降学んだと思うんですね。

この家族制度についてもそういうことが言えるのではないかと思うわけです。なぜそういう家族・宗族制度を作ってきたのか。これは前回ご出席の方はお分かりだと思うのですが、何よりも生きていくため、生存していくためです。ひとりでは孤立しては生きていけないような中国の酷烈な自然と社会の中で、このようにして、もっとも自然的なものを踏まえ、それを倫理化して、そしてひとつの共同体を作っているということだと思います。今日の研究者の中には宗族制度というのは、その中から役人を出すためにみんなが協力したんだという人もいます。それもたしかにそうです。しかし役人を出すということは一族の安定にとってはたいへん大きなプラスです。ですから一族の人びとが相互扶助をやるのと、それから役人を出すというのとは、結局は根底においては繋がって、みんなが安定した生活が送れるようにということだろうと思います。

そういうものを保証するのは共同体としての倫理でありました。その一番の根本は孝と悌です。孝は親や先祖に対して尽くすこと。悌は兄弟仲むつまじく、孝は縦の倫理ですね。世代が古い世代から新しい世代へ移ってゆく縦の構造です。悌は兄弟ですから横です。縦と横、その縦と横が交わるところに個人は位置するわけで、そういう縦横のネットワークのひとつひとつのポイントのところに個々人は生きているということになります。その網の目が強ければ強いほどこの一族は安泰だということになるわけです。ときにこの網の目はいろんな条件で破れてしまうということもあるのでしょうが、またそれを繕って、そしてそれをしっかりしたものにしていくという努力を、営々として続けてきたというふうに考えることができると思います。

宗族制度から学ぶもの

私がよく引く例なんですが、以前四ヵ月ほど台湾大学で授業をしていたことがあります。そのとき友人の台湾大学の教授に質問してみました。日本ではサラリーマンは職場でイヤなことがあると、帰宅の途中で赤提灯に寄って、一杯飲む。今日はオレがおごるからとか言って同僚をひっぱってきて、そして上司の悪口をさんざん言って、ウチの課長はダメだよとか何とか言って、けなしながらストレスを解消する。そういうのが割合に多いように思うのですが、台湾ではどうでしょうかと聞きましたら、台湾ではそんなことはありません。イヤなことがあったらさっさと家に帰って家族と一緒に食事に行きます。それを聞いて、日本だったらすぐ帰るのがイヤだから、途中お酒の洗礼を受けて帰るんですけど、台湾はそうなのかとびっくりしました。しかしびっくりしながら、ああそうかと思いました。つまり彼らにとって家族生活、家庭生活というものがほんとに安らぎの場、癒しの場なんです。そういう体験をしまして、これは台湾だけだろうかと思って、大陸からこられた先生たちに聞いてみますと、大陸でもそうですといっておられました。

そうするうちに台湾から雑誌が送られてきて、そこに社会心理学の論文が載っておりました。心理学の専門論文だからよくわからないところもありましたが、そこに統計が載っていて、台湾の人たちがもっとも幸せに感じるときはいつかという調査なんです。それはやっぱり家族の位置によってだいぶ違う。主婦の人はやっぱり家庭。家庭にいるときが一番幸せだ。働いている男性はちょっと比率が悪いんだけど、やっぱり家庭だと。若い人になるほど家庭という数字が少なくなっていますが、しかし総体として見れば、家庭こそが自分の幸福感というものを感じさせてくれる場であるとはっきり統計に出ている。いろんなことを考えると、中国の人たちにとってやはり一番安定している場なんでしょうね、家庭というのは。家族のネットワークの中に自分がすぽっと入ったときに、すごく安らぎを感じるということだと思うんです。我々もそういうアンケートをやったらおもしろいと思うんですね。ほんとに自分が安らぎを感じるのはどこか。全然ありませんという答えが多いかと思うんですが。

この家族・宗族という制度、これは一面たいへん狭い世界だともいえるわけです。ほんとに社会といえるのかどうかということになると、やはり血縁で繋がっている社会でありますから、ほんとにソーシャルであるかどうかということになると、狭隘さ、閉鎖性というものをまぬがれないと思います。そういう世界ですからどうしても全体の中で個人の自由というものが圧殺されるというか、侵されるような感じは当然あるし、現実にそういうことはあり得ると思うんですね。

先ほどお話しました山東何氏の『訓約十四条』を読まれてどうでしたでしょうか。そういう世界に自分も属したいと思われましたか。それともこんな世界はご免こうむると思われましたか。これもいろんなご感想があるかと思うのですが、そういうことで個人の自由が抑えられ、束縛され、制限されるというような感じがある。そしてそれを制約するのは誰かというと、それはやはり家族だったら家族のお父さんつまり家長、宗族だったら宗族の族長として選ばれた長老の人たちですから、たいへん封建的だと感じられるかも知れません。その封建的だという感じが、特に近代になってくると強くなるのは当然のことです。

しかしながらそういうマイナス面があるにしても、中国の民衆があの酷烈な自然や社会や政治の中で生き延びていこうとするならば、やはりこういう組織をしっかり作っていくということが、不可欠であったのではないかという気がします。我々はこれを単に封建的だといって否定し去るのではなくて、中国の人たちはなぜそういうものを作って、今日まで持続させているのか。改革開放の今日の時代でも宗族制が作られていっているということは、むしろ改革開放というようなものが生み出してくる、つまり市場原理というものが生み出してくる、人間にとってのいろいろな否定的現象、家族がバラバラになるとかいろんなことがあると思うんですけれども、そういうものに民衆の側から対抗して、自分たちにとっての世界をわずかながらでも作っていきたいということではないかと、私は想像しております。

そういう中国の長い間の社会の在り方というものから私たちは何を学ぶことができるかということです。それでは私たちも宗族を作りましょうといっても、それはできない相談です。私たちの伝統の中にはこういう制度は、部分的にないとはいえないけれど、全体としてはなかったといえると思います。私たちにとってそれの代わりに何があったかというようなことを考えると、これはひとつの大きな問題になりますね。たとえば村なら村というのはいったい何かという問題になってくるわけです。それは日本史の先生方にお尋ねいただくことにしまして、要するに中国の社会制度から学ぶものはないのでしょうか。

まず「自分はどこから来たのか」ということ。これは宗族制の場合は非常にはっきりしている。自分は祖先に由来している。それがはっきり分かるわけです。人間が生きていくためには、世代間で生命を持続させていかなければならない。子を産み、子がまた子を産んでいくということになっていくわけです。それは非常に血縁的なものですが、たとえば教育という問題になってくると、年長の人が年下の人に教えるというふうに、学校というのはそういう制度ですけれども、そういうかたちで次世代を作っていく。絶えずこれが連続していってはじめて今日の自分というのはあるのじゃないかと思うんです。中国東北地方の残留孤児の方々で、まだ自分のほんとのお父さんお母さんが誰か分からない人たちがたくさんおられるわけですが、そういう人たちの気持ちを考えてみますと、この問題は決しておろそかにできないわけです。

それから次に「自分は何によって生きるか」ということです。現実にこの世に生まれてきた自分たちは、やはりお互いが共同し協力しながら生きていく体制がなければ存立し得ない。自分ひとりでは当然生きられない。こういうこともこの宗族制は教えてくれております。そしてこういう組織、ネットワークの中にひとつの結び目として位置づけられているところの自分の務めはなんだろうかということです。

この宗族社会に属している人たちにとっては、やはり自分というものを越えた存在として、先祖から今日に至る縦の系列があり、また自分を支えてくれる横の連帯がある。自分はその縦横の線の単なるひとつの結び目にすぎませんから、宗族は自分の個体性を越えた存在としての面を作り出しているわけです。その、点を越えた面的なものの存在を認識し、そしてそれに対して自分はどういう役割を果たさなければならないかという、そういう自覚を感じさせる組織です。自分の方からそういう組織に対する義務を感じ、それを自分の務めとして自覚するようになっていたと思われるのです。家族・宗族という、血縁組織のその結合原理を普遍化すればこういう問題になるのではないか。こうやって押し詰めていきますと、いよいよ私たち自身の問題になってくるわけです。

そして今私たちは

今私たちはどうなんだろうか。これはみなさんに答えていただくのが一番いいと思いますけれども、たとえば現代の日本の家族というのはどうなんでしょうか。ほんとに家族が家族として機能しているのかどうか。いろんな現実を考えてみますと、たいへん問題なのじゃないかと思うんですね。このあいだ新聞に女医さんが書いていました。何か献血の方の仕事をしておられる人らしくて、若い人たちの献血した血液を調べていると、背筋の寒くなるような現実が発見される。昔は成人病、今は生活習慣病といっておりますけど、ああいう病気の因子が血液の中に、たとえばコレステロールだの高血圧だのそういうものがいっぱいある。これはどうしてだろうと思って若者たちの食生活をいろいろと調べてみると、やっぱり家庭でバランスの取れた食事をしないで、コンビニとかで自分の好きなものだけを買って食べてそれで過ごしている。これではそうなるのは当然だから、どうか家族で一緒に食事をしてくださいという、これは今誰でも識者は言っていることなんですが、女医さんは思いあまって自分の調査結果を投稿したらしいのです。

青少年が年よりになる前に年よりになってしまうというような、そういう現実がある。決して大げさではないわけです。家族の中の精神的な気持ちの繋がりというものも希薄になっている。希薄になったそういうものを学校に持ち込む。すると学級崩壊ということになります。最近の社会面の記事を見てみますと、どうもそういう犯罪を犯す銀行のトップの人たちは、ろくろく家庭でご飯を食べていないからこんな悪いことをするのじゃないかという感じさえ持つんですね。

そういうふうに我々の社会は、家族という一番基本的な場が崩壊している。それが連鎖的にあちこちに社会の崩落現象、ちょうど温暖化した南極の氷みたいに崩れてきているのではないかという気がします。そういうことから出てくるのは、自分というものの感覚の変質です。自分について自然、あるいは歴史、あるいは社会というものから切り離された意識や存在感しか持っていない。何か自分の個体というものが、人間として生きていく場合の基本的な条件というものを失くしてしまっている。ただ非常に抽象的な、あるいは非常に刹那的な欲望の持ち主としての自分しかあり得ない。ちょっと極端ないい方かもしれませんけれども、そういう感じではないでしょうか。私自身にしても、自分はどういうふうに自分の個というものを捉えてきたかということになりますと、あまり誉めたことではないわけです。共同体、共同体というけれど、ほんとうに自分を共同体という世界の中に置こうとしているかということになると、さあどうかなあと言わざるを得ません。そういう現代の日本の自分を考えてみますときに、中国の家族、宗族制を封建的だとか前近代的とかと笑っておられない。我々はもっと深刻な危機に直面していると考えてよいのじゃないでしょうか。

それではどうしたらいいかという問題ですね。共同体倫理をどう考えるかということになる。共同体倫理というと親に孝に、それから兄弟に友に、夫婦相和し、というようなことをすぐに思ってしまいますが、私は、もっといろんな面を含んだもの、新しい世界観に基づくものを作り出していくことが必要なのではないかと思います。そういう中で構築される倫理を実は考えてみたいんです。たとえば私たち自身、特に若い人たちが歴史というものをどう捉えているだろうかという問題があります。特に戦後の歴史です。ほんとに戦後の歴史と自分とは各人の意識の中で繋がっているのだろうか。

一度こんな話を聞いたことがあります。中国の大学に留学している日本人の学生が、中国の人から日本とアメリカはかつて戦争をしたんだよと言われたら、へえそうですか、でどちらが勝ったんですかと聞き返したというんですね。私はその話を聞いて衝撃を受けたんです。それで私の勤めていた大学の先生方に、そんな話がありますよと言ったら、先生方はそんなに不思議そうな顔をしない。あり得ることですよと教えてくれました。

それは極端な例だと私は思いますが、何かそれに近いような歴史と自己との関係になっているのではないか。自然と自分との関係。それから社会と自己との関係もやはり同じです。そういった問題を切り返し、そういう自分というものの在り方を問い返して、そしてそこに自分たちの力で自分の側から自分と世界を繋げていくという、そういう努力が今必要なのではないかという気がしているわけです。特に若い人たちの主体において、そういう営みがなされていかなければならない、そういう時期にきているのではないか。若いこれからの方々が、そういう新しい共同体的世界観というか、そういう世界観を作っていかれるために、大いに勉強して下さい。そのためにも来年はぜひ大学に入っていただきたいと思います。

＜質疑応答＞

質問　先生は人生の半分以上を歴史の研究に費やしてこられたわけですけど、その中で得られたものというのはなんでしょうか。

谷川　たいへんすごい質問で弱りました。ずっとお話してきたことからもあるいはお分かりいただけるかと思うんですけれども、ひとつは私はもともと自分というのに自信がないというか、どうやって自分はこの人生を生きていけばよいかというのが若いときからはっきりしない、そういう人間でしたけど、まあどういう機縁か歴史を勉強して、何もしないで生きてきたのではないということがありますね。なにかやって生きてきたということがあります。それからもうひとつ、やっぱり人間ですから物事を考えていきたい。実は若いときに何をやっていいかわからないけど、自分は何かを考えて生きていきたいという気持ちは非常にありました。今中国史を勉強してきて、その考える方法みたいなものを学んで身につけてきた。先ほど申しあげましたが、家族・宗族制度というようなものを中国の歴史の中から捉えるわけですけれども、それを通して自分はどうなければならないかということを考えることができるわけです。そういうものがなかったら何も考えられないでしょう。ただ空々漠々として、考えては崩し、考えては崩しということしかできない。

私は若いときに何もなかったですから、物事を考えて生きていきたいと思ったけれども、その方法が見つからなかったわけです。しかし私がこうやって研究者としてやってきてみて、その中国の歴史の素材を通して物事が考えられる。これが一番良かったと思っています。だけれどもこれは良いか悪いかは別として、私の個性によるものです。中国史の研究でたとえば現代を考えるとか、自分を考えるとかをあまりせず、ただただ中国の過去のものを明らかにするというような研究があります。それはそれで一つの研究です。そういう研究者もおられるわけで、私のような研究者がすべてだというふうには理解していただかない方がいいんじゃないか。人にはいろいろありますからね。しかし私の目標はただ何か客観的なものを明らかにするというよりも、自分が明らかにしたものによって、それを素材にして自分の人生を考えることにあります。わかっていただけたでしょうか。

質問　ヨーロッパではキリスト教がどの地域でもほぼ一〇〇％だと思うんですけど、中東でもイスラム教が一〇〇％であると思うんですけど、中国というところでは儒教と道教と仏教とその三つが交じりあって存在していると思うんですけど、たとえばボスニアだったらイスラム教徒とキリスト教徒が混在していて、虐殺とか起こっていると思うんですけど、古代中国ではそういうことは起こったんでしょうか。

谷川　そういう例がないとは言えないと思います。仏教徒と道教徒の間にはかなりの対立感情があったようですし、仏教徒とイスラム教徒の対立が中国国内でぜんぜんないとは言えないと思います。だけど何かそれが大きな事件になったというのは、私はよく知りません。ただ皇帝が道教の方を信心して仏教を弾圧するというような形で仏教が弾圧されたということは何回かあります。今いわれたボスニアとか、そういうところの今の宗教紛争も、これもそれ自体としてもう少し考えてみなければいけないと思うんです。それは近代の産物であるし、特にソ連と東欧の社会主義で押さえておったのがなくなって、重しが取れて中の矛盾が明るみに出てきて、お互いの利害を主張するようになった、というようなことがあるわけですから、それは現代史のひとつとして考えてみる必要があるわけで、本来共存していないのかというと、やっぱり共存している面もあると思うんです。ですからあまり一概にそう考えてはいけない。中国でもあまりそういうものは強くは出てこないと思いますね。やっぱり共存していたと思います。唐代の長安の都にはいろんな寺院があったでしょう。ゾロアスター教もあるし、それからマニ教や景教もあるし、もちろん仏教の寺院もあるし道教の寺院もあるし、そういうものが共存して、別にそこで特別大きなトラブルがあったということは聞きません。

もうひとつ、中国の人たちは、儒教についていいますと、漢代では儒教一辺倒みたいなところがありましたが、その漢代の儒教一辺倒というような思想の在り方を、魏晋南北朝時代になって相対化した。だからあの時代には仏教も入ってくるし道教も出てくる。儒仏道三教と言いますが、お互いに自分たちの教線を張るために対立はしているけれど、しかし大方の中国人の考え方の中にはそういものが頭の中で共存しているわけです。儒教的仏教的道教的というような頭なんです。それはやはり魏晋南北朝という、ものすごく大きな転換を経た時代には、単なるひとつの考え方だけにぜんぶ統一してしまうということに対して、人びと、特に貴族階級の知性はそれを拒否したわけです。台湾へ行きますと、今でも表の方は仏教で、裏に回ると道教というお寺があります。あれはおもしろいですね。

質問　そうしたらヨーロッパでしたら、支配する者は下の者を支配するものとして宗教を利用したと思うんですけど、中国ではそういうことはなかったのですか。

谷川　それはありました。さきほど言いましたように道教を非常に尊崇するとか、仏教のお寺を建てて、みんなの仏教信仰を自分の方に引き付けて、政治の安定を図る。そういうことは梁の武帝でも隋の文帝でもそうだと思います。そういうことはあったわけですが、特別な時期を除いてあまり排他的にはなっていない。しかしキリスト教は一神教ですから、これはかなり排他的になる。イスラム教もそうですね。一神教というものの持っている非常な厳しさがあり、排他性というのはかなり作用しているんではないでしょうか。これに比べると、仏教はもう仏はどこにもいます。三千世界にいます。それから道教だってたくさんの神様があり、便所の中にも、竈の中にもみんないます。だからかなり多神教的ですから、純粋にひとつのところへ帰依するというふうな気持ちがやや少ないんじゃないでしょうか。

質問　非常に初歩的で申し訳ないんですけど、先生のお話を聞いていますと、魏晋南北朝が中世というふうに聞こえるんですけれども、古代と中世との境目、及びそれから何がはっきり区別するものなんでしょうか。それから近世というのはいつからはじまって、それは中世とどういうところが変わるから近世だと言うのでしょうか、先生のお考えを簡単で結構ですが。

谷川　時代区分という問題は中国大陸でもいろいろと議論がありましたし、戦後の日本でも非常に活発に行なわれた議論で、その論点は多岐にわたっています。ただ私の考えですと、古代と中世の境目は、やはり秦漢から魏晋南北朝にかけての時代が大きく言って境目であろうと思います。後漢の中頃からとかあるいは西晋朝が終わってからというような考え方もありますけど、大まかに見ればだいたいそのへんに線を引くことができる。しかしそこに線が引けないという人もいるんですよ。先回お話しました、東京方面の研究者の方々は、唐帝国まで古代だといっているわけだから、考え方がずいぶん違うわけです。じゃあお前の考え方はどうだというお尋ねだけれど、これはそうとう詳しくお話しなければならないんですが、この時期はいろんな面で変わっています。政治の在り方、経済の在り方、文化の在り方というのが変わっています。

一番の特徴はやっぱり先回も申しましたように、秦漢時代には皇帝が官僚を使って民衆を支配しているんだけれども、魏晋南北朝時代には貴族階級という新たな階級が生まれているということです。それは政治的に大きな違いです。ちょうど日本の中世の封建領主のような役割を果たしている。だけれどもそれだけで中世と言えるのかという問題がある。古代とか中世というのはそれは主観の問題ではないかというふうにいわれる。それはそうでしょうね。見方の問題ですから。そう見なければいけないという問題ではないかもしれない。しかし私が今関心を持っているひとつの問題は、古代社会というものがあるとしますね。仮に秦漢時代が古代社会だとします。そうするとその次にくる魏晋南北朝に向けてどう関わるのか。古代社会に生きていた人々がどこかですごく行き詰まってしまって、どうしようもないところにきてしまっている。そしてそれがいろんなかたちで打開されて次の時代がやってくる。そういう大きな行き詰まり、閉塞状況というものが、そういう形で打開された、というようなことではないだろうかと考えています。そういう行き詰まりというのはどういうふうにして行き詰まるかというと、自分が今まで生きてきた社会の原理にそのまま従っていったら、もうにっちもさっちも行かなくなってきた。それでそこから転換を求めていく。こういうことで時代区分するのが一番根本的ではないかと思っています。

仮に今我々の社会の原理が市場原理だとして、その市場原理の中にいろんなマイナスの要素の現象が出てきています。まだまだ全体としては市場原理で生きてはおりますが、しかしいつか市場原理ではもう行き詰まって全部裏目に出て、マイナスマイナスマイナスと来てしまうと、もう生きていかれなくなります。

ということになれば、人間はこれを打破して、そして新しい原理を作り出す。そしたらやっぱり新しい時代になるといえるんじゃないか。今まで学界では政治・経済・文化のいろいろな面から時代の変化を捉えてきましたけれども、私はそれだけでは満足できないんです。人間の生き方というか、生きる原則みたいなものが変わっていかなければ、たとえば千年刻みの大きな時代に区分はできないと思っております。

それから今のご質問の、近世というのはいつからか。だいたい唐から宋にかけての時代と考えています。これは先回お話した内藤湖南という学者が、唐宋の変化、唐から宋にかけて画期的な変革があると、こういうことを先駆的に言われたわけです。それをいま学界でもずっと踏襲して、日本の学界の人たちはみなだいたいそう考えております。それはまたどういう変化か。貴族政治から君主独裁政治、つまり貴族階級の家というのがぜんぶ没落してしまって、あとは科挙の試験を受けて政治に携わっている科挙官僚が政治を握る。そういう彼らを使って皇帝が政治をしたということで、中間階級がなくなった。これはひとつの大きな変化です。その他に内藤先生は経済・文化のいろんな面でも変化の姿というのをとり出して、それを見事に証明しました。

後世の我々がもういちどここで考えるとすれば、そういういろんな現象的な変化というものの根本に、どういう人間の在り方の変化があるのかということを研究しなければならない。私は今の研究者ははっきりいって怠惰だと思いますね、私も含めて。内藤説によって唐宋変革ということは口では言うんですよ。しかし唐宋変革というもののほんとに根本的な人間の在り方の変化という形での研究は、まだないといっていいと私は思います。私もそれをやらなければならないし、やりたいと思っている。しかし年齢がだいぶん詰まってきましたから、それとの戦いであります。唐代にも漢代と同じような、行き詰まりがやっぱりそこにあるはずです。その行き詰まりの過程をどうやって人間が突破したか、というふうなことを明らかにできたら、それがほんとうの歴史だと思うんですけど、残念ながら今の私には力がありません。問題意識だけはあります。今の質問に触発されて日頃考えていることをお話しました。

質問　今日の先生のお話の宗族制度の意義を積極的に捉えて、それを単なる封建制度の一形態と片付けるんじゃなくて、現在の、たとえば家族の在り方とか、そういったものをもう一回捉え直す際の手段としようと、そういう内容のものだったと理解しました。そこで質問なんですが、今日のお話は宗族制度の内部のお話だったと思います。ぼくと父親、あるいはぼくと先祖、ぼくと兄弟とかいう関係だったと思うんですが、宗族と宗族の関係というのはどうなっているのかなというのを興味を持ったので教えていただきたいと思いました。というのも推測ですが、かなりそれは排他的なものではなかったのかという気がしてならないのですが、それと関連して宗族制度の、今日は功の部分だったと思うんですが、罪の部分に関して若干お話をお伺いしたいと思いました。少し飛躍しますが私は今大学院で国際法を勉強しているのですが、その中でさまざまな国の国際社会での主張というのをずっと勉強していくと、どうしてもやっぱり中国という国は、若干他の国とは違っているような気がしてならないんです。人権その他いろいろニュース等で流れているとおりだと思うんですが、中国の国際社会における孤立を生んでいるひとつの理由として、宗族制度というのが原因となっているというふうには考えられないのかどうか、今日の先生のご講演の趣旨とは少しずれていると思うんですが教えていただきたい。

谷川　おっしゃる宗族と宗族との関係ですが、さきほど宗族は非常に閉鎖的な面を持っているということを申しましたが、そういうことから、たとえば同じ地方にふたつの異姓の宗族があるとしますね。そうしたときにやっぱり地域におけるいろんな利害関係、たとえば水利をどうするかとか、いろんな問題が出てくる。そうしたときにトラブルがあって、その結果として武闘になり、お互いに棍棒や刀槍を持って闘う。これを械闘といいまして、宗族と宗族とが実際に武力でもって闘うという例は、非常にたくさんあります。おっしゃるとおり宗族というのは外側に対しては、ある種の閉鎖性というものはまぬがれないということはあるわけです。しかし、清朝時代に中国を新しく変えなければいけないということで、変法ということを考えた学者の書いたものをこないだ読んでいましたら、たしかにそういう械闘というのがあってトラブルがある。しかし械闘というものはどうして起こるかというと、宗族を率いる指導者がちゃんとしてないからだと彼は書いている。指導者がもっと見識のある人だったら、もっと平和的に、もっとお互いに調停しながら、譲り合い、あるいは妥協しながら話し合って、そして地域を治めていくことはできるはずだと彼は書いている。おそらくやっぱりそれを率いるリーダーの問題です。だから宗族制度というものを運用する運用の仕方がある。今日紹介しました何氏の『訓約十四条』の中に、宗族の人は郷党に対して、郷党というのは地域社会の人たちで、他の宗族の人も入っていますが、そういう人に対して争いをしないようにしなければならぬと教えております。そういう気持ちも一面あるわけです。宗族は現実には閉鎖性が多々ありますけど、それが宗族の精神、つまり自分たちの利益だけを独占するというのが宗族の精神なのかというと、それはそうではないでしょうね。あなたの先祖と私の先祖とはさかのぼって行ったら一緒じゃないか。堯とか舜とかそういう人からきてるんだから、仲良くしようじゃないか、そしてもっとこの地域を発展させようじゃないかということになってきたら、おそらく仲直りできると思います。そういう見識を持っていたら。今国際法をやっていらっしゃるということですが、同じことじゃないでしょうか。

現代の中国が、私たちの論理からいったら、どうも理解しにくいと思うことはたくさんあります。それはやっぱり閉鎖的なんですよ、現代の中国という国家が。閉鎖的なのはある意味では仕方がない。今まで非常に孤立してきたわけですから。そして改革開放をやって、市場経済で富を蓄積していかなければならない。そういう時期ですから、自分の国益をしっかり守って、多少他の国から批判されてもそれはやっていくんだということなのかもしれませんけれど、しかしそれは国家としてはもう少し国際的に大きな大局的な見地からやっていく、ということにならなくてはいけないだろうと思う。そういう考え方にさせていくものは何かというと、それは人類という問題でしょうね。人類というのはこれでいいのかという問題。こういう問題は必ず二十一世紀にはもっともっと深刻になっていくと私は見ています。それで中国に限らずどの国も、やはり主権国家の枠をゆるめ、国益というものを押さえながら、他の国との調和をはかっていかなければならぬ時代が来るのではないかというふうに思っています。私は国際政治学は門外漢ですから、単なる私の希望にしかすぎませんけど。やっぱりそういう指導者の問題があると思います。

質問　宗族制度というのは農村共同体を基礎にして成立していたと思うんですけど、その一方で宋とか明の時代になってくると、行とか作とか商人の大きな共同体もできてくると思うんですけど、そういう共同体というのは必ずしも家族だけで成立しているわけではないと思うんですが、そういう共同体には宗族制の共同体論議というのはどういったかたちで現われていたんでしょうか。

谷川　ヨーロッパ語でいうとギルドのようなものですね。同業組合でしょう。その方面でも同業組合でどういう規約があったかということに関しては、私はよく勉強をしておりません。しかしそれは血縁関係ではないですから、まったく同業の関係ですから、お互いの利益を守っていくためにどうしたらいいかという、まあ日本の商人社会でもそういう同業組合があって、いろんな規約を持っていると思います。そういうものに近いものじゃないでしょうか。それはいわゆる宗族の持つ家族倫理というものでなくて、近隣というか、隣同士はどうしなきゃいけないかという、そういうものに近くなっていくんじゃないでしょうか。その点については私はそんなに深い知識を持っておりません。申しわけないですけど。ただこういうことはあります。そういう商人たちが同郷会館というのを作る。同じ郷里の人たちが商売をしますね。たとえば湖北省の人が河北省へ行って商売をするといった場合に、そこに会館というのを作って、そして同郷人がそこに集まって自分たちの同郷関係というものを確認するような、そういう会館というような施設を作るということはあります。それはいろんな職種の違った商人たちが集まって、お互いにそこで商売上の話をするのでしょうけど、そういう制度はあります。それは同郷関係ですね。

質問　今日の先生のお話の中にあったことの中で、宗族制度というものは、要するに人間と自然の近接関係であって、生存を第一義とするために作られたもので、その中から付随してくるものが、たとえば役人を輩出するとかそういうふうなものであったという話があったと思うんですが、要するに宗族自体が宗族の中の個人を生存させるためにというのがまず第一義として存在するという説明があったと思うんですけど。

谷川　それは必ずしも一義二義という関係ではない。役人を出すのは自分の一族を安全にするやり方なんです。つまり一族から高い地位の官僚が出てきたら、自分の一族の中からまた次の人をひきあげることもできるし、地域からいろんな侵害を受けることもないし、あるいはいろんな労役を部分的には免除されることもあるし、一族にとっていろいろな利益がありますから。ひとつの家が役人を出したから他の家は知らんということじゃないですよ。利益はぜんぶ一族に及ぶ。だから安全というか、そういうみんなの安全を保証するやり方として官僚になるということは、もっとも有効な手段です。だけれどもそれだけかというとそうじゃないわけで、やっぱり全体として生活が安定しないとその中から官僚も出ていけないわけですから。だから全体の生活を安定させるということと、官僚を出すために一生懸命になって、よくできる子どもを勉強させるということとは同じ根で繋がっているというふうに考えていただきたい。

質問　それが分かったからそれから話が続くんですけど、それを聞いていまして、完全に宗族制度とは一致はしないんですけど、たとえば新石器時代とか先史時代といわれる時代における人間の生活状況というのが、かなり似てくるのではないかと考えたんです。たしかに宗族制度というのが同系の家族ということを鑑みますと、まだ考古学でたとえばひとつの遺跡の中で三つ四つ家があって、それがぜんぶ同族の家なのかというのは、骨を調べてもわかっていないんですけど、その他を除けば、まず生きていくために共同作業を行なうなり、その中から人間と自然の近接ということで考えるならば、当時においては自然によって人間が左右されていたということもありますし、またそれに対応していくために人間が成長を続けてきたということも考えて、宗族制度と単純に同一化するわけではないですけど、その当時の、カタカナでムラと書いていいのかわからないけど、そういうものが繋がってくると思う。そうするならば、宗族制度というのはある意味において人間生活の根本において、もっとも重要な体系のひとつじゃないかと考えたんですけど、そこのあたりについて先生はどのようにお考えになられるでしょうか。

谷川　宗族制度というものの起源を求めていくと、今あなたがおっしゃったような原始時代の部族制というか氏族制というか、そういう社会、組織というのに行き着くでしょうね。そして行き着いて、また今度は時間を下っていきますと、そういうものをまだまだ残したものが、先ほど申しました周の時代の宗法社会です。しかし周の時代には本家と分家ができてしまっている。それは以前にはなかった。ところがそれがまた春秋戦国時代に大きな社会変動があり、その変動の原因としてよくいわれるのは、耕牛を使うとか、あるいは農耕に鉄製の農具を使うとか、そういう農業生産力が増大したり、人口が増えたり、いろんな要因が絡まって、氏族社会が崩れて、そして小家族に分裂していく。そしてその小家族を、秦とか漢とかいう帝国権力が支配するということになってくる。その時期から非常に自然的な親族組織というものが、社会的な原因で壊れていくという傾向を強く帯びてくるわけです。

そうすると小さな家族にバラバラになったら自然やあるいは権力の圧力に抵抗できないわけですから、またそこに再編が行なわれるわけです。その再編が魏晋南北朝だったり、あるいは近世の宗族制になったり、壊れては作り直し壊れては作り直ししながら、しかし作り変えた内容というのは歴史的に発展してきている、ということになるのではないかと私は思っているわけです。私は中国史というのはそういう共同体の再編の歴史じゃないかと思っています。壊れては作り、壊れては作り、作り替えているうちに変わって、進歩、発展していくというようなものじゃないか。単に共同体がなくなって、単なる個人というふうにはならない。そういうふうに考えるのは、近代特有の考え方です。そういう考え方で古い時代を見てはいけない。そう思っているわけです。あなたのおっしゃっていることは基本的に私は賛成です。

さて、四回にわたりまして、みなさん熱心にご聴講をいただき、まことにありがとうございました。まことに拙い話でしたけど、しかし私が若いときから考えてきたことを率直にお話したわけでして、いろんな欠点を残しているかと思いますがご了承ください。ことに「中国史とは私たちにとって何か」というタイトルですね、何かこう自分でもすごい題をつけたもんだと思っているんですが。羊頭狗肉という言葉がありますけど、この題は羊の頭だが、聞いた話は犬の肉。どっちがおいしいんですかね。遊牧社会のことを研究しておられる堀江先生がいま羊の方がおいしいとおっしゃっているので間違いないでしょう。羊頭狗肉というのはこの話のようなものだと覚えておいてください。私自身もこの機会にみなさんにひとわたり自分の考えをお話させていただきまして、たいへん勉強になりました。老先き短いとはいえ、まだこれからも勉強をしていくつもりですから、これからもご声援をいただき、またみなさんも大いに勉強をしてください。どうもありがとうございました。

あとがき

本書を一読された方には理解して頂けると思うが、これは単なる一研究者の回顧談ではないつもりである。現代に人間として生きてゆこうとする私たちが、中国の歴史から何を汲み出すかを考えたものである。しかしまた、この課題をはじめから一般論として弁じたものではなく、私個人の研究体験を通じて語るという手法によっている。私には今のところ、こうしたやり方でしか問題に迫ることができないからだが、私の体験の貧しさのために十分答が出せなかったのではないかという不安に襲われる。

講演を行ったのは、あと一年余りで二十世紀が幕を閉じるという時であった。人びとはいくらかの期待をもって、来るべき世紀を迎えようとしていた。もしかしたら、人類は、戦争に明け暮れた二十世紀をのりこえ、平和と正義に向かって一歩ふみ出すことができるのではないかと。しかし、新世紀の到来を待っていたかのように、同時多発テロ、アフガン戦争、さらにまたイラク戦争と、世界は果てしない殺戮の泥沼に陥ちこんでしまい、今日なお好転のきざしは見られない。講演の最終回にかかげた「二十一世紀への示唆」というテーマも今や何となく空疎なひびきさえ感じられるのである。しかしそれでも、私はつぎのように主張したい。悠久の時間を生き抜いてきた中国史は、人類がいかにあるべきかを、未来にわたって示唆しつづけるだろうと。そしてこれからの私自身の研究も、その声に耳をすますことでなければならない。そうでなくて、私の研究人生に何の意味があろう。

この連続講演は病後の私にとってかなり辛いものであったが、河合塾・河合文化教育研究所の方々に温かく力強い激励と支援をいただいて、何とかやり通すことができた。その記録をここに一書としてまとめることができたのは、大きな喜びである。本書の編集・出版にあたっては、河合文化教育研究所事務局の方々、とくに多賀悦子氏に多大のご面倒をおかけした。また、一貫して講演の実行を推進し、司会をも務めて頂いた河合塾世界史科の金貞義先生には、とくに本書にまえがきをお願いした。これらの方々に対し、心からなるお礼を申し上げる次第である。

二〇〇三年五月二十日

谷川　道雄

谷川 道雄
1925年生まれ。京都大学文学部史学科（東洋史専攻）卒業。京都大学名誉教授。河合文化教育研究所主任研究員。著書に『中国中世社会と共同体』(国書刊行会)、『世界帝国の形成』(講談社現代新書)、『隋唐帝国形成史論』(筑摩書房)、『中国中世の探求』(日本エディタースクール出版部）など多数。

河合おんぱろす　特別号
中国史とは私たちにとって何か ——歴史との対話の記録——

2003年7月20日　第1刷発行

著者　谷川 道雄

発行　河合文化教育研究所
〒464-8610　名古屋市千種区今池 2-1-10
TEL (052) 735-1706㈹　FAX (052) 735-4032

発売　㈱河合出版
〒151-0051　東京都渋谷区千駄ヶ谷 5-1-6
TEL (03) 3354-1481㈹

印刷 製本　㈱あるむ

ISBN4-87999-999-7